プライマリー

知的障害学級の
授業実践

水本 和也 Kazuya Mizumoto

三恵社

はしがき

　本書を、障害児教育に携わり、子どものために日々奮闘するあなたの机上におくります。タイトルは、知的障害学級の授業実践、とテーマを絞っています。しかし、たとえテーマは狭くても、実践の中で苦闘している部分は、他の肢体不自由教育や病弱・身体虚弱教育、視覚障害教育、聴覚障害教育、自閉・情緒障害教育にも共通するものと確信しています。

　本書を書くきっかけは、はじめて特別支援学級担任の後輩をもったことにあります。7人の担任集団の内、3人が新卒の先生、そして私がいて、さらに3人の先生がいます。新卒の先生を見ていて、私の授業を見せることや職員室での雑談では不十分、と感じました。

　というのも、新卒の先生の内の一人が、子どもの対応について、「先生、あのときに大ちゃんを追いかけたのは正解でしたか？」と私に聞いてきました。そのときにすごく違和感があった私は、「う〜ん。子どもに聞いてみるしかないでしょ。」と突き放した返事をしました。子どもとの関わりの中で、「正解」があるという前提で話されていたことにすごく引っかかったのです。

　こういうやりとりが、新卒の先生と話していると度々あります。ですから、私の授業実践を述べる前に、教育とはなにか、障害児教育とはなにか、といった根底的な部分を述べないわけにはいかないのです。したがって、本書では、先に理論編を、後に実践編という構成をとりました。

　知的障害児教育にかかわる本は、本屋にたくさん並んでいます。ハウツー本も多いのですが、本書は、いわゆるハウツー本ではありません。すぐに役立つものは少ないと思います。しかし、子どもと触れ合うよろこび、子どもから出発して授業をつくる苦闘に満ちています。いま、障害児と呼ばれる子どもたちの不幸は、頭で理解されて、心とからだで理解されていないことではないでしょうか。知能や能力をもとに子どもが語られ、数値化された人間をつくることに四苦八苦する学校・教育の中で子どもたちの寄る辺を作りたい。

知識の切り売りで教育する教育者は、教育者というよりも教育技術者と言ってしまった方がいい。頭の良い者に、先生が教育技術で一生懸命教える。そこに、人格も心もないと考えます。障害をもった子どもたちの教育だけは、どんな子にも可能性を信じて、先生の人格と子どもの人格とが裸でぶつかっていく。そこに本当の教育の姿を私は見出します。そういう視点がなくなると、人間を人間としてだんだん見つめなくなっていき、事務的な教育をするようになると思うのです。チャイムが鳴っても「まだやりたい。またやりたい。」と子どもが言ってくれる授業を、一緒につくりましょう。

　なお、文献の参照など、本文中に出典は示さず末尾に一括して載せています。先学諸氏の貴重な著書・論文にご教授受けるところです。謹んで、学恩にお礼申し上げます。

　最後に、本書の完成は次の二人の存在なくして語れません。一人は、共にこの社会がどうあるべきかを議論し行動した大学時代からの同志、本慶圭介です。もう一人は、常に私の良き理解者であります、上田美穂です。本書をこの二人に捧げます。

公立小学校特別支援学級担任　水本　和也

目　次

はしがき

第1部　理論編

第1章　教育とはなにか	1－8頁
第2章　発達と呼ぶにふさわしいものとは	9－15頁
第3章　誰にとっての障害なのか	16－20頁
第4章　学力とはなにか	21－39頁
第5章　授業とはなにか	40－49頁
第6章　困難の時代を教師として生きる	50－57頁

第2部　実践編

第1章　同僚の指導案を読み、授業を観察する	58－73頁
第2章　子どもの実態を把握する	74－85頁
第3章　指導案作成	86－106頁
第4章　授業を実施する	107－114頁
第5章　教育評価を行う	115－121頁

あとがき

参考文献

第1部

第1章　教育とはなにか

第1節　教育を定義する必要性

　教育基本法第1条は、教育の目的を「教育は、人格の完成を目指し、平和で民主的な国家及び社会の形成者として必要な資質を備えた心身ともに健康な国民の育成を期して行わなければならない。」としています。この条文の文言によって、中身のある教育の定義がなされたと言えるでしょうか。条文をいくら解釈しても、教育の本質は見えてきません。条文を巡って争われている裁判例をどれだけ精緻に見つめてみても、やはり、教育の内実は見えてこないものと考えます。

　次に、教育学者の宮原誠一という人は、教育を、「教育」と「形成」とに分けるべき、といいます。というのも、人間の形成過程には、①社会的環境、②自然的環境、③個人の生得的性質、④教育という4つの力が働いているというのです。この内の①～③が人間の発達にとって望ましい働きもするのに対して、この自然成長的な形成の過程を望ましい方向にむかって目的意識的に統御しようとする営みが④の教育なのだ、と分類します。ここで確認しておきたいことは、教育はそこにある立場からの「望ましさ」がその一定の価値基準に基づいた他者へのコントロールになっているということです。子どもの教育に携わる私たち教員は、自分たちが行う教育実践の意義を信じることによってしばしばこの事実を忘れがちになっていると思います。

　こうした現状に対し、広田教授は、教育をいったんドライに定義することから議論を始めています。すなわち、「教育とは、誰かが意図的に、他者の学習を組織化しようとすることである。」とし、「教育とはかくあるべき」という議論を

取っ払ってしまうのです（広田・9頁）。

　では、それ以上に議論を深めようとするにはどうすれば良いか。教育の捉え方を歴史的に考察する中である程度の答えが出るかもしれませんし、思想的に整理していく中で、説得的な議論も展開できるかもしれません。しかし、現場の教師にとっては、それらは不要とは言い切らないものの、もっと大事なものがあると思われます。
　それは、自分自身の教育経験を見つめ直すということではないでしょうか。現場の教師は、いかに「教育とはこういうものだ」という考えをもっていても、それが子どもに受け入れられなければ意味がないのです。つまり、子どもになんらか影響を与えられる人間でなければならないのです。だからこそ、自分自身に影響を与えた教育とはどのようなものであったか、このことの省察が、子どもにどのような影響をあたえ得るか、という意味での教育を考える出発点になると考えます。これは、第6章で展開する教師論と近い議論なのですが、教育にとって欠くことのできない要素として、教師と子どもとの人間的交わりがあるものと思われます。

　例えば、「あいさつを励行させましょう」や「廊下を走らないよう指導を徹底しましょう」と教職員が共通理解を図ったとしましょう。しかし、現実にはA君はB先生にはあいさつしても、C先生にはしないということは起こり得ます。結局、その子とどのような関係を切り結んできたのかということが、あいさつという些細な指導場面でも問われるのです。

　担任を経験してつくづく思うことですが、教育という仕事は、教育をただ語ることではなく、我が身のすべてをかけて固有名詞を持った、生きている子どもに働きかけ、交わる営みです。とすれば、私たちは目の前の子どもとの関係抜きに、あるいはこれまでの教育経験抜きに教育を語ることはできないのです。

第2節　私の教育経験から

　私が本気で教員免許を取ろうと考えたときに、真っ先に思い起こしたのは、小学校時代の教師とのやりとりでした。私が、「それやったら、代わってくれ。」と正門前で叫んだことに、そのときにはすでに担任ではなかった片山先生という方が、泣いたのです。記憶もあいまいですが、私が学校からエスケープして、学校の先生が総出で捜索し、連れ戻された場面だったと思います。脱走した理由は覚えていません。

　「それやったら」とは、連れ戻されるのは嫌だ、そのときの生活現実の辛さ、どうしようもない無力感を表現していたように思います。そして、「代わってくれ」とは、私の生活を経験してみて、同じように連れ戻され、これまでと同じ生活をさせられる身になってくれ、という思いから発していたように思います。
　その一言で、片山先生は泣いたというか、泣き崩れたのですが、私はそのときなぜ泣くのか分からなかったはずです。泣いたあとのやりとりも覚えていません。そして、このことをまさか、成人してから思い出して、教職志望を深いところで支えていたとは思いもよりませんでした。片山先生との人間的な交わり、これが教職志望の出発点と言い切ることができます。

　転校の多かった私は、継続して人間関係を結ぶという経験になかなか恵まれませんでした。集団や親密な友人関係の中で自己を位置づけるのではなく、徹底して自分自身と向き合う、ということをしていたように思います。そのような経験は無駄ではないと思うのですが、社会化されない、個人的で利己的な生き方だったろうと思います。

　大学は、自分で学費を工面して法学部に進みました。頭でっかちというか、論

理的な人が集まっているような場所で、すごく肌に合っていました。大学に進んだ目的は、身を立てるということ、勉強して立身出世を果たすことにありました。これまでの自分の生い立ちを批判的に乗り越えていく、そういう意識でした。終わりよければすべてよし、でサクセスストーリーを作っていくという意識では、結局、他者にオモテをかざしてウラはさらさない付き合いにならざるを得なかったので、大学内に友人はできませんでした。それでも、学外にホンネを話せる仲間はできましたし、今でも付き合いがあります。

　私にとってのオモテとは、親が小学校教員で、きょうだいも大学出の中流家庭という虚像です。嘘ではないものの、一面しか写していません。そんな私のウラを知っている人と再会したのが、教員免許をとるときに必要な介護等体験でした。中学校の同級生と親御さんに障害者福祉施設で再会したのです。
　Y君が中学校にいたとき、学校はまだ特殊教育から特別支援教育に移行する境目でした。そのため、たまに授業のときにうしろの席で、養護学級の先生と一緒に座っていることくらいしか印象に残っていません。Y君が卒業後にどこに行ったのかなど、考えもしませんでした。再会後に、お母さんから支援学校に進学したことを聞きました。障害者福祉施設で再会したときにお母さんは、私のことを覚えていらしたので、ご自宅でY君に「水本君のこと覚えている？」と聞いたようです。すると、Y君は、「うん」と答えたようです。私自身は、嬉しい気持ちと「本当かな？」という気持ちもありました。

　Y君と一緒に作業していて、ふとY君の机をみると、文字を書いていました。正直、驚きまして、その日の帰り際、お迎えに来られていたお母さんに「Y君すごいですね。文字が書けるようになったんですね。」と笑顔で話しかけました。お母さんの顔は、一瞬曇り、「それは違うよ。昔はもっと書けたんよ。同じクラスの子の名前は覚えようって、家でも学校でもそれだけは頑張って書いてたのに、支援学校に進学して、字を書く機会が減ってしまって・・・。」と話されました。

私は、自分の無知・非常識さを恥じました。それと同時に、Y君にとっての漢字学習は、隣の子を「友だち」と認識するためのものだった、と知り、私自身の学習はどうだろう、人と結びつくための学習・学力をどれだけ身につけて来ただろう、と考えざるを得ませんでした。Y君とお母さんが、私を障害児教育に導いてくれている、そんな気がします。

　介護等体験を終え、教育実習に行くと、私の中学校時代の先生方が多くいらっしゃいました。その内の一人の先生に、実習最終日、「先生、私のこと覚えていますか？」と聞くと、「うん。もし、聞かれたら答えようと思っててん。」と答えてくれました。「覚えてくれてて、良かったです。自分は、しんどい生活の中で、大学まで行きました。だからこそ、子どものために働きたいと思ってます。教育に自分の人生を捧げたいです。」と話すと、目に涙をためて、「君がそんなこと言うと思わなかった。」と言ってくれました。
　「君がそんなこと」とは、私の中学校時代を知っているからこそ出ることばだと思います。人のことなんて考えられなかった私の姿、それでも、１０年後に子どものために働きたいと言うまでに成長する、そこに心うごいたのだと思います。

　教員免許の取得を目指して勉強する中で、先人の教育実践に惹かれていきました。特に、生活綴方教育に大きな影響を受けました。古本屋でたまたま売られていた佐山喜作先生の『中学生』という本が最初に出会った本でした。私がこれまで受けていた教育、その中で感じていた疑問にストレートにこたえる内容でした。とりわけ、他人の作文などの表現に感動するという経験は、はじめてでした。「自己PR文」や先生に褒められるために書いたような作文に胡散臭さを感じていた私にとっては、衝撃でした。他人の書籍で生き方を変えさせられた経験は、はじめてでした。その後、無着成恭の『やまびこ学校』などを読み進めていき、生活綴方にとどまらない民主教育全般にのめり込んでいきました。

第3節　生活綴方による教育認識

　いま、大阪市では、「学力向上」が叫ばれ、テストの結果が教員の給与に反映させられようとしています。このような極端な政策に賛同していなくとも、教室には学力テストの過去問がどっさりくばられ、子どもたちに取り組ませるよう指導され、結局、テスト対策に手を貸してしまう結果になっています。スキルばかりのコミュニケーション教育に納得していなくとも、ソーシャルスキルトレーニングの講習に行かされ、子どもたちに実演するはめになっています。教室の秩序は、互いに関心を向け合う子どもからの関係の生成によってこそ豊かになる、と確信していたとしても、発言の仕方や返事の仕方が定められた「○○スタンダード」を教室の壁に張り出さないといけない。あいさつや親切、読書も「運動」にしてしまっては繊細さを欠くことになるし、量を競わせるなど言語道断と思っていても、不自然に大きな声が飛び交う校門をくぐり抜け、図書の貸出冊数が序列化されたグラフが待つ教室に向かわなければならない。

　このような学校、いじめや不登校など教育荒廃の現実をみるにつけ、教育というものがさまざまな社会機能ととけ合っていることを痛感させられます。そういう複合的な現実体に対して、「教育」という名前がつけられていると考えます。だから、その中から本当に教育と言うにふさわしいものの地位、状態を取り出して考える操作が必要になってくると思うのです。そのことを念頭に、今日の教育を考えていかなくてはなりません。

　教育が国家や社会の側からとらえられ、政治の侍女でしかない時代は、同時に人間の人間としての権利は奪われ、その自覚を阻まれた時代でした。障害児について言いますと、「ケモノ」や「廃人」、「狐憑き」などの蔑視、養護学校建設に対しては、「ゴミと精薄（精神薄弱児）お断り！」という罵詈雑言の嵐のなかで生きていた時代と言っていいと思います。いまでも、相模原の障害者殺傷事件

にみられる障害観、差別思想がまだまだ残っています。このように非人間的な現代という時代に、私たちが人間性を取り戻し、自由と民主主義の社会を作り出すこととその課題を担う「人間」を形成する教育の仕事は、一つのものです。

　教育にはいろいろな尾ひれがつくけれど、なんとしても譲ることができないのは、ヒトを人にする、人間性を持続させ豊かに育てるということの一点です。この人間をつくるという観点から、私にとって、生活綴方教育がその方法論的な基礎となっています。生活綴方について、「生活をありのままに綴るもの」と説明されることがあります。しかし、これは正確ではありません。正しくは、現実に立ち向かっている自分の悲しみや喜び、憤りなどを書き込むことによって、所与の現実を自己の思いの充満した自己自身の現実に作り変えていくことなのです。

　自分というものを、それを取り巻く現実との関わりの中で本音として吐露していく。そのことで、自分と現実とを直視することになります。人々の前に表現することと直視することとは、同時に成立します。そして、いろいろと検証を受け、そのことによってさらに、自分を確かめることができます。まわりの事実のとらえ方、実相をまた確かめ、自分とまわりをつくるのです。
　言うまでもなく、人間は自分自身を見つめることに大変な抵抗を感じるのですが、それでも自分と自分をとりまく状況とを直視して、それを批判していく以外に疎外を克服することはできないと思われます。自分と自分をとりまく状態とを直視しながら、偏見におおわれた中から自分というものを掘り出す。自分自身を回復する術が生活綴方の実践の中に包含されているのです。

　逆に言いますと、そういうプロセスが、一人ひとりの内面過程で進行するのでなければ外からどんなにきちんとした教材が与えられても、それはその人間にとって意味を持たないはずです。私自身が、何の問題意識も持たずに「日本史」や

「世界史」、「現代社会」を高校時代に勉強していた虚しさと無意味さを痛感しています。身の回りを直視し、自分を直視することによって自分を回復するというプロセスを助け、促す、そういうものとして外から入ってくるものを位置づけていく、それが人間の発達にとって必要なのだと考えます。

　私にとって教育とは、これまで述べてきたとおり、本気で教員を目指したときに思い起こした小学校教員の流した涙が起点になっています。そして、生活している中で感じるどうしようもない疎外感、実存のなさを克服するための生活綴方教育への傾倒でした。総じて、人間的触れ合いを求めて私は教育現場にいます。子どもとかかわっています。そして、自分が人間であり続ける、人間性を追究する、この運動を目の前の子どもとのかかわりの中で問い続けているのです。これが、私にとっての教育です。

第2章　発達と呼ぶにふさわしいものとは

第1節　人間は関係性の中で生きる

　いま、私の手元に教職課程を履修していたときに使っていた教育心理学のテキストがあります。そこでは、発達について、「人の誕生（あるいは受精）から死に至るまでの生涯過程における個人内の変化のことをさす。」と定義されています。そして、①発達の順序性、②発達の方向性（頭部から尾部へ）、③発達の連続性、④発達の異速性、⑤発達の臨界性、⑥発達の個人差が述べられています。さらに、発達に影響を及ぼす要因として諸々の学説が紹介された後、発達段階が心理学者ごとに概説されています（藤田ほか・２３～３６頁）。

　人間は、この世に生を受けたとき、ほかの動物と違って、誰かに守られなければ明日の生存を保障されません。一方、大人になると、きわめて多様な能力を使って生きていかなければなりません。それに対応するために学校が近代以降に制度化されていったわけです。子どもは、守られるなかで将来必要になる力をひとつひとつ身につけていくものとされます。

　ところで、新学習指導要領では小学校で外国語活動やプログラミング教育などが必要とされています。しかし、いろいろな力を身につけなければならないのは、そもそも何のためなのでしょう。身につけた力をつかって生きることだ、となりそうですが、果たしてそうでしょうか。

　発達というのは、素朴に言えば、新たな力を身につけていくことです。そして、身につけた力は、本来、たったいま生きている自らの生活世界のなかで使うものであって、将来のために貯めておくものではありません。第１章で紹介したＹ君は、文字の学習をしていました。そして、その学習にはひらがなや漢字が含ま

れていたことでしょう。絵と文字をマッチングさせ、ひらがな表を駆使し、知らない漢字は形として認識するなど、大変にきびしい学習をしていたはずです。それによってY君は、新たな力を身につけたのですが、それは、大人になって福祉就労するときに必要だから、上司や同僚の名前を覚え、職場内のコミュニケーションを円滑にするために学習していたのでしょうか。まだ出会わない上司や同僚のことを考えていたのではけっしてありません。

　Y君は、同じ時代を生き、同じ空気を吸って、同じ学校で一緒に学ぶそこにいる人たちを「友だち」「クラスメイト」と認識したい、その一心でお母さんや先生と一緒に学習していたのです。その身につけた力をつかって、クラスメイトや先生と互いの思いを交わし合うコミュニケーションの世界が広がり、ことばで語る物語の世界が広がっていったのです。力を身につけるということは、そこにその力をつかって生きる新たな世界が広がるということに他なりません。

第2節　現代の貧しい発達観

　私たちが生きる現代においては、発達というものはきわめて貧しい内容でしか語られていません。心理学を研究している安藤教授は、教育の成果を学業成績だけで判断してよいものではない、と前置きした上で、「学業成績の個人差に遺伝要因が大きく関わっていることが、数多くの双生児研究から明らかになっている。その遺伝率はおおむね５０％程度」と語っています。さらに、教育と環境要因について、「学業成績や知能は、パーソナリティや精神疾患などほかの心理的側面と異なり、共有環境の影響が比較的大きく関わる形質もある。その大きさはおおむね３０％程度」であるとして、「８０％が個人では変えられない要因で説明される厳しい現実に直面させられる。だが教育の現場ではこうした知見が知らされることなく、個人の努力でどの教科でも成績をより良くせよと掻き立てられる傾向が強い。」から、この現実を踏まえた学力観が必要だとしています（藤澤編・１０～１３頁）。

私は、研究者の倫理として自らの研究の社会的影響というものを考える必要があると考えています。遺伝の影響を研究し発表することが、差別を助長し、格差を正当化し、貧弱な教育条件をそのままにしてしまうことになることは明らかではないでしょうか。安藤教授の主張をもとに、特別支援学校・学級の教員定数は改善されるでしょうか。教室数は増えるでしょうか。その発表をなすことで、世の中が少しでも良くなるかどうか、自問自答すべきでしょう。さらに付け加えますと、安藤教授の言説に社会性がないのです。つまり、日本社会の現実、その深刻な矛盾は、子どもたちのすこやかな成長を保障していません。日本社会の矛盾や混乱が子どもたちを守るべき家庭や学校の中にも容赦なく入り込み、恐るべき破壊作用をもたらしています。子どもたちの成長と発達は、彼らを取り巻く社会的条件と深く結びついています。この具体的な生活を離れて、一般的な遺伝法則や発達法則などが存在するはずがないのです。

　人間の能力を固定したものととらえ、しかも知能の面からだけ対比し、特殊性を強調することで、特殊な人間像の強制が生まれがちではないでしょうか。子どもの「できる・できない」を遺伝の力の大きな影響と言い立てるのは、政府の文教政策・制度が作り出した結果の責任を、遺伝や素質という生物学的条件に転嫁しようとするものに他なりません。その思想は、能力・発達についての国民の視野を狭め、見通しを暗くし、子どもも大人も生物学主義的宿命観に追い落とし、権力の支配体制にあきらめの態度で屈従させようとする策謀と考えます。

第3節　子どもの内面から発達をとらえる

　知的障害児も発達するし、軽度の中には、成人となって支障なく社会生活を送れる者もいる。重度の障害児も発達する、と力強く主張する言説もあります。その人の持つ個性的発達・人間味に目を向けると、そこには無限の発達の可能性が

あるとみるべきですし、そうすることによって、あらゆる障害児に教育の機会が与えられなければならない、という権利思想も生まれるのです。遺伝の影響があろうがなかろうが、義務教育で目標とされてきたものはすべての子どもに保障されなければなりません。

　発達と言うとき、個々の能力が問題にされることがあります。ここで、能力とは、「ある要求や課題を果たすための一定の種類の活動を遂行できる力」のことです。つまり、能力とは、それぞれの個人に生得的なものではなく、生誕後に他の人たちとの相互的なふれあいや交わり合いのなかで、各人が自分自身の活動を媒介として身につけたり創り出したりする個人人格の可能性のことと言えます。
　そして、そのように規定される能力の質を高めることは、人間集団の中でのみ可能なことと言えるでしょう。Y君にとっての読み書きの力は、先天的にもって生まれてきたものではないでしょう。Y君はクラスメイトやお母さん、先生とのふれあいや交わり合いのなかで、はじめて読み書きの意欲をもち、そこで身につけた能力を使いこなし、豊かな生活世界を築いたと考えます。

　学校では読み書きだけにとどまらず、さまざまな能力が形成され、発達されなければなりませんが、教育の仕事の結局のねらい、本来の使命は、形成されゆき、発達しゆく個々の諸能力の総体としての全一的人格の形成・発達ということになると考えます。どう生まれたかではなく、どう生きるかが重要です。そのように言い切ることのできる豊かな発達観が求められます。

　豊かな発達観というとき、注目したい実践があります。１９世紀初頭に南フランスのアヴェロンの森で「野生児」が発見されました。野生児も人間性を獲得するのかをめぐって精神医学界が二つに割れたのです。徒労に終わるとされた野生児の教育に挑戦したのが、青年医師イタールという人でした。彼は、野生児に「勝利」を意味するヴィクトールという名前をつけました。数々の実験的教育を試み

るも、結局、話しことばを獲得できず、人間社会に復帰しうるほどには発達しませんでした。このヴィクトールについて、イタールは、「この若者は、自分自身とだけ比較されるべき」だと言い切りました。

　各人は各人に即して評価されなければなりません。たとえ発達が他人より進んでいようと、それぞれに現在を充実し、明日の発達に向かう活動を学んでいるのである限り、どの子もどの活動もひとしい価値をもっているものと考えるべきではないでしょうか。

　子どもの心理学・発達学は、外から描いた「客観の子ども」を見いだせても、子どもが「子どもである」ことをその渦中から生きている姿は見いだせません。子どもは、「子どもである」という条件を内側から生きています。そのことの意味は、外から「子ども」をどれだけ精密に見つめても見えてきません。子どもの持つ発達の過程を客観的にどれほど詳細に記述しても、子どもがそのときそのときの手持ちの能力をどのように使い、あるいはそのときの無力さをどのように引き受けて、その生活世界を作り出しているかは見えてきません。

　Y君は、中学3年生でひらがなと限られた人名漢字の読み書きができると精密に見たところで何か得るものはあるのでしょうか。Y君はその手持ちの能力で、あるいはダウン症という障害を内側から生きているのです。その生きている条件に思いを馳せ、そこに視点を重ね、渦中から生きるその世界のありようを理解しようとすることはできるし、そうすることの意味は小さくないと思われます。

第4節　人格をつくる

　先ほど、個々の能力ではなく、総体としての全一的人格の形成・発達を考えるべき、と述べました。人格として育てるということです。そして、人格そのもの

を発達させなければなりません。大きく２つの視点からこのことを考えていきます。第一に、人間の発達は、いろいろな力がつながりながら成り立っている過程であり、その総体によってその人のその人らしい人格は構成されているということです。ですから、ある部分だけを取り出してはたらきかけるような一面的な指導に、人間の発達はなじみません。いま、同じ教室を使って指導されている先生は、絵カードを使って「○○はどれでしょう？」と問いかけています。しかし、その指導によってことばは本当に広がるのでしょうか。ことばを必要とする人間関係や、ことばにして伝えたくなるような感情、要求、イメージなどの内的世界の発達の無いところにことばが生まれ出ることはありません。そのときそのときの指導に子どもが適応したとしても、それは、明日の適応を保障しません。

　第二に、発達の主人公は子ども自身だということです。子どもが「わかるようになりたい」「できるようになりたい」「たのしみたい」とねがうことによってこそ、可能性が現実性に転化し得るのです。このねがいは、発達のさまざまな力の中でも人格の中心にすわるものではないでしょうか。人生の意義というとおおげさですが、私たちは自分の人生を自分で選び、自分で生きるからこそ意義のあるものになると考えます。他人によって決められ、他人が決めた人生を生きることは非常に無責任です。大人と同じように子どもにとっても、発達へのねがいのあるところには、ねがい通りではない今の自分や現実があります。子どもの中に生じた矛盾を乗り越えていかなければ、発達は実現しないといえます。この発達へのねがいを子どものなかに育て、矛盾とともに生まれた悩み、葛藤を支えながら、それを乗り越えさせていくことが指導の役割です。

　１０歳前後、学年で言いますと小学校４年生くらいで発達の節目をむかえる、と言われます。抽象的事項（例；いのち）を理解しはじめ、教科学習においてもこれを踏まえ、数直線や分数、小数点などが登場し始めます。この頃の子どもにおいては、自分は自分自身の身体を中心とした存在ではなく、人との関係性の上

に成り立つ存在なのだ、という世界観の大転換をやってのけるのです。

　ここで言う発達は、目的意識的に組織された条件の下で達成されるものであって、決して自然発生的なものではありません。だからこそ、子どもの可能性を全面開花させ得る課題を、大人や社会が担わなければならないのです。どのような子どもであっても、共通に確保されなければならない条件として３つ挙げることができます。

　①活動なくして発達なし。能力の獲得過程は子どもが能動的に外界に働きかけることなくして成立しません。それゆえ、健康でいきいきと動き活動することが求められるのです。
　②教育なくして発達なし。子ども本人は、今、どんな能力を我が物にすべきかを知りません。大人が獲得させるべき能力に応じた活動を引き出し、組織しなければならない、と考えます。
　③集団なくして発達なし。子どもは子どもたちの中で相互に学び合う存在です。一人の子どもに一つの集団しか作らないのはナンセンスです。

　以上、述べてきたことを総合しますと、豊かな可塑性を持ち合わせたヒトが、人間的諸能力を獲得し、人間らしく生命を守る存在として育ちゆく道のりこそが、発達と呼ぶに値する事象です。第１章で、教育の核心問題として、なんとしても譲ることができないのは、ヒトを人にする、人間性を持続させ豊かに育てるということの一点です、と述べたこととも共通します。このような発達観に立つことで初めて豊かな発達を保障しよう、という発想も生まれるのです。遺伝を云々することで発達を制限する科学・科学者に子どもの笑顔を見ること、笑顔にすることはできないと考えます。現場教師はどの立場に立つべきか、答えははっきりしているのではないでしょうか。

第3章　誰にとっての障害なのか

第1節　障害児=障害をもった子ども

　最近、出生前診断が話題になっています。命の選別につながるのではないか、など問題点も多いとされていますが、障害を避けるという選択は、一方では「健康な子がほしい」という当然とも言うべきねがいのあらわれではないでしょうか。そのねがいを無視した議論では、中身のあるものとならないと考えます。障害をもった子がうまれるということは、健康で生きていってほしいというねがいが根底から破壊されるほどの衝撃があるのだと思います。健康な子に育ってほしいというねがいをまずは大事にしたい、そういうことを念頭に置いて本章に入っていきます。

　私が使用している特別支援教育の概説書では、障害を、①機能障害、②能力障害、③社会的不利の3つに分けて考えてみるべきだ、としています。そしてICF（国際生活機能分類）の説明がなされていきます。あえて言いますと、これだけの記載しかありません（柘植ほか・4〜6頁）。
　たしかに、その子どものもつ障害とそれがもたらす困難について知っておくことは望ましいことです。そうすることで、介助や援助、教育のあり方を考え、さらに障害児のための施策や制度の改善の方向性を構想することができます。しかし、私たち現場にいる者がとくに意識したいこととして、障害児とされている子どもは、あくまで障害をもつ「子ども」だということです。障害児も健常児とまったく異なることなく、子どもとしてのさまざまな願いをもっています。彼らもまた精一杯その生を充実することを通して、諸能力を身につけ、個性に磨きをかけている存在なのです。

私はいまの障害像や障害児・者像に足りない視点があると考えます。それは、個々の障害の態様を医学的・心理学的・教育学的に裁断することで、その障害児の子どもとしての全体像が分からなくなりかねない、という点です。これは、第２章でも述べたことにつながるのですが、個々の能力ではなく、総体としての全一的人格の形成・発達ということを考えるべきであり、人格として育てるということが大切なのだと、再度申し上げておきます。

第２節　相模原障害者殺傷事件の衝撃

　相模原で起きた障害者殺傷事件から障害について考えてみたいと思います。事件を起こしたとされる被告人は、衆議院議長に対して手紙を書いています。その内容をまずは正視しましょう。

「私は障害者総勢４７０名を抹殺することができます。
常軌を逸する発言であることは重々理解しております。しかし、**保護者の疲れきった表情、施設で働いている職員の生気の欠けた瞳**、日本国と世界の為と思い、居ても立っても居られずに本日行動に移した次第であります。
理由は世界経済の活性化、本格的な第三次世界大戦を未然に防ぐことができるかもしれないと考えたからです。
障害者は人間としてではなく、動物として生活を過ごしております（ママ）。**車イスに一生縛られている気の毒な利用者も多く存在し、保護者が絶縁状態**にあることも珍しくありません。
私の目標は重複障害者の方が家庭内での生活、及び社会的活動が極めて困難な場合、保護者の同意を得て安楽死できる世界です。
重複障害者に対する命のあり方は未だに答えが見つかっていない所だと考えました。**障害者は不幸を作ることしかできません。**」

大要、このような内容ですが、太文字にした部分は重要と考えます。批判的に乗り越えるべき内容を含んでいます。被告人は、重複障害者に対して「**気の毒**」だと言って同情しているのです。その気持ちがなぜ、障害者を殺害することにつながるのか、この間隙を埋める必要があります。

　一文で結語いたしますと、被告人は障害者ではなく、障害者を取り巻く人々に絶望したのだと考えます。障害者にこの世の中における実存がなかったと感じたように、被告人自身も職場や社会に実存がなかったのではないでしょうか。津久井やまゆり園に障害者の権利保障、発達保障に全力を尽くす職員がいたならば、と考えてしまいます。

　さらには、「障害個性論」とよばれる言説の敗北を考えざるを得ません。ある子どもが持っている障害は、健常児には見られない特徴であるという点で個性と言えます。それと同時に、個性を構成する諸要素は（身体的特徴や感性など。）、変化します。個別的特徴も全体的特徴も本来、固定的ではありません。だからこそ人間は、その人生を通じて人間集団の中で、ますます個性的な存在になっていくことを期待できるわけです。

　この点、障害を変化しないもの捉える点が障害個性論に欠落していますし、被告人にも同じことが言えます。今日の社会では、障害があることによって差別されかねない現実があります。そういう現実の中で、「障害は個性だ！」と強調することによって差別に対する論理を組み立てることを意識しているものと考えます。しかし、この論理を障害の軽減の否定にまでつなげてはならないのです。障害の治療や障害に対応する教育を否定することは、子どもたちの活動の自由度を増大させる可能性を小さくし、したがって発達のあゆみを押し止めてしまいかねないと考えます。相模原障害者殺傷事件の被告人に「障害は個性だ！」と主張しても意味はないと思われます。被告人はその言説によって隠されているリアリ

ズムに絶望したこと、その一点において障害個性論は敗北したのです。
第3節　障害を発達的に捉える

　障害というものは、傷病によって生成され、それが一定の発展段階に達して相対的に固定化したとされる姿なのですが、傷病それ自体ではありません。したがいまして、傷病の原因が、即現在の障害像のすべてを説明する原因ではないのです。傷病の早期予知、発見、治療、リハビリテーション、社会保障や社会福祉、教育や生活のあり方が固定的機能障害の姿を決めます。しかもなお重要なこととして、固定的機能障害は、不変ではありません。能力や人格の発達との相互関係においてその発達的意味を変えていくことができるのです。また、障害者であることによる生活上の制限や不当な扱い、差別も障害の有無だけできまりません。そこには、科学の到達水準と利用上の制約などが関係するのです。

　障害者に対する歪められた感情や発展途上にある認識、さらには不必要な偏見に対しては科学的認識を得るように教育的に寛容と相互理解の精神に立って高めていくことが重要でしょう。障害に対する科学的認識を深めるためには、それを自然科学的に認識し対策を講ずることに加え、

①障害者の生活実態を人間の尊厳と権利を守り発達の保障をめざす立場から
　明らかにし、
②社会問題の一つとして社会科学的にも認識し、
③国民の共通的利益、さらに国民全体の根本的利益の実現をはかりつつ、
④その不可欠な部分として民主的な障害者政策をもち、その実現を図っていく

ことが必要となると考えます。

　そうすると、障害児・者教育は、障害による制限を発達のより根源的なところ

から脱却しつつ、人格の発達と結合した能力の発達を達成していくことを援助してく営みと言えはしないでしょうか。障害児・者教育に求められるものとして、以下の4点が挙げられます。

①障害の発生やそれを固定することになる社会的原因を除去していくこと。②「障害」だけをみて人間を見落としたり、「人間」だけを問題にして障害を軽視したりすることなく、諸条件をととのえ、障害と発達と生活実態に焦点をあわせ、全面的・発達的に把握して、現代科学の粋を集めた必要かつ適切な治療、教育、保護を早期から系統的に行うこと。③社会教育、社会活動を重視するとともに、家庭にも障害者の教育について適切な指導と援助を行い、家族の経済的・身体的・精神的負担を軽減すること。④教師集団の民主的な内部規律を守って、発達の保障を目指して得た成果と教訓を科学的に総括し、共同の財産にしていくとともに、最低限のこととして障害者教育から非科学的な独断や拙速、放任、暴力、無視などの不当な扱い、および家族や教師の健康破壊をなくしていくこと、この4点です。

本章の執筆にあたっては、相模原障害者殺傷事件が与えた衝撃というものをこれまでの民主教育の成果が受け止めきれるか、ということを念頭に置いてきました。本書におけるこれまでの考察を経て、障害とは、人間の共同性の発露・維持・発展の限界性が、個人的特性に転化・限局されたもの、と定義いたします。そうすると、本章のタイトルであります、「誰にとっての障害なのか」に対する答えは、人間及び人間の共同性ということになります。

第4章　学力とはなにか

<u>第1節　私の論文から</u>

　学力とはなにか、ということを考究していくと、さまざまな言説に出会いますし、決着はつかないものと思われます。ここでも、私自身の教育経験と目の前の子どもとのかかわり合いの中で考えたことを述べていきます。私は、過去に中学校において行われた進路学習について考えたことを論文としてまとめました。まずは、これを転載いたします。文体が、だ・である調になっておりますが、ご容赦ください。

進路学習における教育の疎外
～教師の役割を問い直す～

水本　和也

1　はじめに

　「今まで君たちを見ていて、学習も頑張っています。しかし、自分なりの学習することの『必要性』や『おもしろさ』を感じて取り組んでいる様には見えません。結果やらされてしんどくて嫌なことになっているように感じます。
　それで、1月19日と1月20日の2回、進路学習として『なんのために勉強するんだろうか』をみんなで考える時間を持ちます。その時間をもつにあたって、保護者の方々からも原稿を寄せていただきました。保護者、先生、仲間

の思いに耳を傾け、語り合い、自分にとっての学習する意味を整理するきっかけにしてください。」

　これは、この進路学習を進めたS教諭の思いである。この思いを持って、S教諭は、B4のプリントを20枚近くにわたって連日つくり、朝のホームルームで配布し、読み上げていた。
　本稿は、私の勤務校であったS町立第二中学校での1年生への進路学習の内容をもとに、保護者・教師・生徒のそれぞれの学習観、能力観を分析し、教師の役割を問い直し、日々の教育実践を有意義にすることを目的としている。

2　保護者の思い

　以下に、3名の保護者の作文を抜粋する。

　保護者A　「今、みなさんが学習することの意味について不安になっていると思います。私が中学生だったころは、成績のためだけに勉強していたのが印象的です。親や先生には勉強しろと怒られるし、反抗期もありました。ですが、悔しくて必死に勉強したことを覚えています。大人になった今、勉強することで、『負けたくない』『悔しい』などの感情があって努力するということを学んだと思います。周りの友達と競い合っていく中で、闘争心や思いやり、目上の人とのかかわり方も身につくと思いました。学習する＝勉強と堅く考えず、自分の個性を育ててくれる一つの栄養と気楽に考えて下さい。」

　この方の学習観は、資本主義社会・競争至上主義の社会によって規定されているように思われる。そのような社会の下、この方は、「**勉強しろと怒られ**」続けた。それ故、勉強する「楽しさ」は一向に見られない。

保護者B　「この前、子どもにこんなことを言われました。『将来、偉くなりたいと思わない、普通な人生でいい。だから、勉強もそこそこやっていればいい。めっちゃ頑張りたいと思わない。』聞いたときは、びっくりしましたが、どうしてこのような発想になるのか、考えてみました。考え方が全て受け身になっている気がしました。それでは、中学校生活が楽しくないと思います。考え方を変えてみてはどうでしょうか。

　例えば、ゲームを例に挙げてみます。一つのゲームをクリアするために何をしているでしょうか？友達と情報交換し、攻略本を何度も見て習得します。ゲームの挑戦方法は、同じことで失敗しないようにします。その結果、ゲームをクリアしたときは、単純な喜びだけでなく、達成感や難関を乗り越える力が身につきます。このことは**勉強**でも同じことではないでしょうか？やらされたって、成長しません。

　ある人は言います。『**勉強の仕方がわからない**』それこそ意味が分かりません。自分にとって何が最適な**勉強方法**なのかは、自分にしかわからないのではないでしょうか。それを**試行錯誤**して見つけ出すのが勉強の仕方じゃないのでしょうか？誰もゲームの仕方が分からないと言って、やめてしまうことはしません。だって、面白いことを知っているから。勉強もどうせやるなら、**ゲーム感覚**で興味をもってやれば、やる気度が変わってくるのではないでしょうか？そうすれば、成績だけでなく、いろんな意味で成長できると思います。」

　少々長い引用となったが、この作文には、極めて重要で素朴な保護者の想いが込められているように思う。この方は、子どもの「**勉強の仕方が分からない**」という声には、「**それこそ意味が分かりません**」と大上段から切って捨て、それ以上に思考を深めようとしていない。つまり、科学的な勉強方法には疎く、経験的に対応をしてきた自身の過去を止揚できず、子どもがゲームに熱中する姿に自己の想いをかぶせている。

端的に言って、親の意識の中での「優秀児願望」や「良い子願望」が強烈に感じられる。「いい学校、いい会社へ行く」ことこそが子どもと親が幸せになる道である、というような価値観から自由になっている親は、少数派ではないだろうか。このような価値観の強まりが、子どもの数は２人位に制限し、塾や習い事に通わせ、他人から一歩先んじようとし、そのための苦労はいとわない親の姿に反映されてはいないか。

　しかし、その保護者の思いを無視することは許されない。親としては子どもに、「こんな試験のための勉強がどれだけの価値があるのか」を疑い、「よい成績、よい大学、よい会社、あくせくと人生を生きること」に虚しさを感じられては困るのだ。ただひたすら勉強に励んでくれることだけを祈っている母親の切ない気持ちを、我々はしかと受け止めなければならない。教師としては、効果的な学習方略を生徒・保護者に伝える必要がある。そして、その際、教育心理学の知見は有用であり、この点での自己研さんも求められる。

　保護者Ｃ　「私が母として、我が子に身につけてほしいと願う力が２つあります。①やさしさと強さを兼ね備えた精神力、②コミュニケーション力。ここに勿論、学力がプラスされればいうことはありませんが、学力よりも私は、この２つの力を重要視します。今もやはり学力重視の世の中なのでしょうか。当たり前のように子どもを塾に入れるべきなのでしょうか。何年母親として我が子に接していてもわからないことだらけです。だからこそ、我が子とともに手さぐりしながら一緒に生きていく日々に味があると感じています。私はあまり『勉強しなさい』と言いたくありません。これを繰り返すと、子どもは親のために勉強をしてしまうのではないかと懸念します。

　今の子どもたちは本当に大変でとても忙しい。勉強や部活も恋も真剣に取り組みたいのに、塾や習い事、ネットでの情報収集、ラインへの返信など盛りだくさんです。返信しなかったら次の日から友達の態度が一変していたりします（泣）。そう思うと、これからの人生、幾度となく、自分の道を見失ったり、

人生を狂わせるかもしれない出来事にあい、どの道を選択するかの繰り返しになります。その人生の分かれ道を自分の感性で判断して、切り抜けていくためには学力だけでは厳しいと思うのです。やさしさと強さを兼ね備えた精神力をこれからの人生を歩みながら身につけてほしいと願ってやみません。

　２つ目のコミュニケーション力ですが、勉強だけを頑張って、大学に行き、大企業に就職できれば万歳なのでしょうか。大企業の名を背負って働くには、相当の精神力、責任感、ストレス耐性、コミュニケーション力を必要としますし、そういう人材が必要とされます。学力がすぐに身につく賢さだけでは、おそらくつぶされてしまいます。

　子どもたちには、ぜひ自分のために、まだ何も先が見えていない子は特に、今、目の前にあるものに、一生懸命取り組んでみてほしい。その中で、スッと自分の心に入って来たもの、響いてきたものを大切にしてほしい。色々な人に助けられて、自分の人生を紙一重のところで、ギリギリ切り抜けて歩いていく。その繰り返しで良いと思います。」

　この保護者のことばの中に、我が子に対する深い愛情と期待を感じると共に、「人材」ではなく「人間」になるための教育の熱望、「この子の親」から「人の親」になろうとしている姿を感じるのは私だけであろうか。受験や試験という短いスパンで子どもの成長・発達をとらえず、社会人として競争至上主義の世の中で生きていく厳しさを認識しつつ、それでも尚、優しさと強さ、コミュニケーション力を我が子にもとめている。

　保護者Ｃは、さらに、「共に学ぶ」とか「共に生きる」という視点に立つとより良い、と思われる。そうできないのは、競争至上主義の世の中で、共生という価値選択をする現実があまりにも乏しいからではないだろうか。さればこそ、学校が、共生という現実をつくる場となる必要があるし、母親の優しさを現実のものとするために、教師が何をなすべきかを自問自答しなければならない。

3　教師の思い

　本項では、教師自身が何を考え、生徒にどのような願いを持っているのか、二名の作文をもとに考えていきたい。一人目は、学年主任であったK教諭の作文である。

　「中高生の時代、勉強は『やらされている』ものでした。嫌でもやらないと怒られるものでした。頑張って結果が出ればほめられ、成績が下がると怒られるものでした。勉強した結果は数字（成績）になって、誰かに評価されるのがその時代の私にとっての勉強でした。
　大学では勉強を『しなさい』という大人はもう周りには誰もいません。歴史学の勉強では教科書に書いてあることを覚える、理解するということはやらず、昔の人が書き残した史料、遺跡などから発見された遺物などからどのような事実が分かり、その時代に生きた人々に近づくどのような説を自分で考えるのかというものでした。もう勉強はさせられるものではなく、自分でやりたいからするものになっていました。結局、大学院に進学してさらに歴史学の勉強をつづけました。修士論文の過程で私の世界はどんどん広がって行き、勉強を通じて様々なことがつながりました。このとき感じたのは、学んだ勉強を無駄にするのか活かすのかは、学んだ人次第だということでした。今、苦しい思いでやっているその勉強はきっと、この先の楽しい勉強につながっています。」

　K教諭の作文は、ご自身の実感があり、説得力も感じられる。特に、同じ社会科を専門とする教員として、たった一つでも専門分野を持つことの重要性は肌身で感じるものがある。しかし、素朴な疑問として、大学まで行かないと「学ぶ楽しみ」を感じられないのかという思いがある。K教諭は、大学院でも研究を

続けたとのことだが、ほとんどの生徒は、大学・大学院までの長いスパンで今取り組んでいる勉学を位置付けていないであろう。K教諭ご自身も中高生の頃の勉強は「やらされてい」たものであった、と述懐している。つまり楽しくなかったのである。それが、いま教員という立場で生徒を教育する側に立っている以上、「やらされてい」たと思わせない学習、日々の生活・将来の進路に生きる教育実践を展開しなければ、個人的な述懐で終わってしまうだろう。

　いまから遠く離れた「将来」に向けての勉強ではなく、自分のいまを生きるための学びこそ、子どもが学校に求めているものではないだろうか。それによって自分の昨日〜今日〜明日を確認し、周りの仲間や大人と共有する学びが果たして展開されているか。学ぶいまが、生きる明日につながり、生きるいまが、学ぶ明日につながるという、この順接の時間的展望のなかにあってこそ、学ぶことが生きることから遊離しない。K教諭の見立てでも、これが遊離してしまっている。この間隙を埋める必要がある。

　次に、I先生の作文を紹介する。

　「私は、**勉強は必要と思ったときに頑張ればいい**と思います。（私個人の考え）これはやっぱり、自分で『できた！』とか『このままじゃあかん』という経験をしないとわからないと思います。でも、高校選択の時に選べないという状況になったら悲しいですよね。きっかけは何でもいいと思います。ずっと必要と思わなかったらそれでいいと思います。

　少し失敗しても、まだまだなんでも挽回できるし、むしろこれからです。わからなかったら友達や周りの人に聞いてみてください。しんどいこともありますが、今できることから少しずつやっていってほしいなと思います。私も、体育が得意な子も、苦手な子も楽しいと思えるような授業づくりをする！という目標に向かって一生懸命頑張ります。」

I先生は、年度途中から保健体育科のTTとして赴任された。しかし、同僚教員や生徒のことで悩み涙する姿もあった。そんな先生が、年度の終わりころに生徒に語りかけたこの作文に、私は、いまだに感動する。

　I先生は、共に学ぶという視点を教師の中で唯一明確にしている。誰かと力を合わせて難関を突破する、そこで生まれる連帯・仲間、そういったものに価値を見出している。さらに、I先生は、教師という立場から自分自身の教科指導、教育実践に触れているのである。「**自分なりの学習することの『必要性』や『おもしろさ』を感じて取り組んでいる様には見えません。結果やらされてしんどくて嫌なことになっているように感じます。**」と、S教諭が嘆いた生徒を前にして、「**体育が得意な子も、苦手な子も楽しいと思えるような授業づくりをする！**」という決意を示したI先生を、私は尊敬する。

4　生徒の思い

　この進路学習では、保護者の思いと教師の思いに触れたうえで、生徒が作文を書いている。その中から3名の感想を取り上げる。

　①　「今の勉強をがんばることで、将来の役に立つと思ってがんばろうと思った。先生たちも中学生や高校生のときに、悩んでいたことやつらかったことがたくさんあって、それをのりこえて今なんだとわかった。今の自分は、テスト週間なのにも関わらず、ゲームをしたり、スマホを触ったりして、テストが終わってからもいつも、『**ちゃんと勉強すればよかった・・・**』と思ってしまっている。だから、これからはテスト勉強のときはゲームもスマホもやめて、しっかり取り組みたいと思う。将来、楽しく華やかな未来のために、今少しずつ、少しずつ頑張っていきたい。」

②　「『ゲーム感覚でやる』というのにとてもおどろきました。たしかにそうすれば、少しくらいは、楽しくなるなと思いました。」

③　「毎日『しょう来のため』という理由で勉強している。必要はわかっていたけど、何がおもしろいのかをしりたい。大人はみんな理由をつけて勉強しろというが、いやなものは、いやなのでどうでもいいと思っている。」

　以上 3 名の感想文の中に現代教育の課題が表れているように思う。①は、大人の声の中に「正解」や「あるべき姿」を見出しているような内容で、他の多くの生徒にも同様の傾向が見られた。そして、それ以上に、テスト週間にスマホをいじっている自分をその大人の声・価値観と対比し、否定したうえで、何らの保障もないまま、スマホもやめ、将来のために勉強すると誓っている。そこに子どもの自我はなく、親の価値観を否定しようとする熱量もないように感じられる。

　この生徒については、勉強がわからなくて困っているというより、勉強習慣が身についていないということも問題であるように思う。「勉強するときは机の上は勉強に関係のないものは置きません」とか「集中して取り組む」ということは、学校教育以前に、家庭内の「しつけ」の問題であろう。それがなっていない。そして、スマホを持たせゲームを好き勝手にさせている家庭の存在は、一顧だにされていない。

　②については、本稿の保護者の思いの中で取り上げた、保護者 B の作文から直接影響を受けてそれに同調した内容である。このようにゲームと同列の感覚でしか、現在の勉強の意味をとらえさせられていないところに、教師として問題意識を持つべきであろう。この生徒の問題というよりも、この生徒にこう言わしめる私たち自身の問題として日々の教育実践を振り返るべきである。

③の作文を書いた生徒は、おそらく本心を語ったものだろう。なぜつまらないのか、どうすれば楽しくなるのか、などの観点をもっていない以上、積極的・建設的ではない。さらに、勉強する仲間の存在が見えてこない。

　この生徒の奥底にある教育要求を読み取ることは必要である。しかし、彼・彼女らの冷めた態度からは、前向きなものは生まれえないように思われる。中学生をしてよそよそしくさせる大人の要求のなかに、いつまでもよそよそしくしていてはならないものは何か、必死になって励まなければならないことを求めることは何かを、自分の前に目標を立てなければならない。中等教育においては、深く社会的根拠に基づいた目標を教師集団が探求し、生徒が集団の連帯と個人の責任感をもって自分の教育目標を立て得るように、指導し援助し励ますことが必要であろう。

5　教育目標と教育評価

　教育評価には様々な観念がある。これまで取り上げてきた作文の中にあらわれている観念は、上級学校進学や入学試験突破の可能性、社会成功度を予測するものとして教育評価を位置付けている。このような観念によれば、教育評価とは、つねに社会的な要求や価値との関係で子どもの能力や学力に関する「値ぶみ」がされることになる。

　さらに、子どもの将来を予測するための科学的手段として「学力テスト」の得点をつけることが、教育評価ととらえる観念も横たわっている。この考え方によれば、教育評価とは、学力テストによって測定された能力を数量化し、個々人を序列化することであるということになる。

　あるいは、教育評価=学力評価と考えられている。そこでは、子どもの学習意欲や態度、さらには子どもの人格発達の評価などに関してはほとんど無視され、学習の成績の結果が良好であったかどうかが、評価における最大の根拠とされ

る。したがって、教師がある子どもの能力を評価するときに、その子どもが、他の子どもとどのような関わり合いをもち、その連帯の絆を豊かなものにしながら、その能力を形成してきたのか等に関しては、まったく、その視野から落ちることになる。

　これまで紹介した作文に表される様々な教育評価の観念に共通することは、教師自身の実践の中における、教師と子どものダイナミックな相互作用のなかに評価を位置付けていないことである。家庭においても、親と子どもの相互作用という視点が欠落してしまっている。そしてその結果、「教育のための評価」というよりも、国家や企業の側からの「選抜」の要求が「評価」という形をとって、教育の中に外から持ち込まれている。

　「教育のための評価」というからには、単なる心理テストの技術や方法の信頼性や客観性、妥当性として議論するのではなく、人間の全面的な発達・成長を促すという価値実現の過程そのものの中において議論されなければならないはずである。科学性と客観性は、教育者の志向する教育的価値から没価値であることによっては保障されえない。
　しかし、学力の相対評価論は、没価値であることを志向した結果、逆に新たな能力観を仮説として採用した。標準学力テストは、すべて学習指導要領における教育目標を学力の基準とし、その目標との関係で、学力テストの結果が正規分布するように標準化されている。この場合、学力とは、学習指導要領に盛り込まれている内容をどれだけ理解しているかどうかが基準として設定され、しかも、その結果が正規分布することを仮定してテスト項目が構成される。また、業者テストによる「偏差値」も基本的には学習指導要領を基礎とし、そのテストの結果が正規分布するように構成されたテストにおける個人個人のテスト得点を、「ある集団のなかの平均からの偏差」の問題に置き換えることによって表現しようとした点では、相対評価論の域を出ていない。

しかし、学習指導要領の理解度として学力を定義する必要性はまったくないし、そのテスト構成の過程において正規性を前提とするかどうかは、先にのべたように、学校教育の中で実現すべき教育的価値とかかわる問題なのである。
　そもそも、能力というものは、なにか具体的に私達の目の前に形としてあるものではない。個人に内在する目に見えない何物か、である。例えば、コミュニケーションとは、関係性において本来立ち現われるものであるのに、それを個人に内在する能力として位置付けることには無理がある。抽象的能力（「頭の良さ」「学力」「コミュニケーション能力」等）は、直接測ることはできないが、能力の有無を判断しなければならない社会が厳然と存在している。暫定的な能力を使う以上、実際には、選抜された結果をもって「能力あり」の判断を後づける面が多分にある。
　選抜要求を公然と掲げる経済界の要請を受けて、教育機関を人的能力開発機関へと変質させ、教育を「能力と適正」に応じて選抜する機関とすることを意図する者には、教育評価とは、彼らの実現すべき価値判断に従った子どもの能力の「値ぶみ」であり、正規分布曲線を手掛かりとした学力評価は、この意図と完全に一致するものととらえられていることによっても明らかである。

　民主主義的な教育的価値の実現のためには、すべての子どもの全面的な発達を保障するという観点から、基本的にはすべての子どもが教育の目標とされてきたものを獲得するということ自体が、その目標とされなければならない。
　この点、学年主任だったK教諭のように**「学んだ勉強を無駄にするのか活かすのかは、学んだ人次第」**と言われた子どもの側に立つと、勉強する気が起きないのではないか。国民に期待される科学的知識等の文化的遺産の教受＝学習の過程を通して、教養の基礎を作り上げるという教育の事業の意義を、今一度かみしめる必要がある。

教育の基本は、教育活動の結果、徐々に正規分布曲線をくずし、大多数の子どもを、ある基準に到達させることを狙わなくてはならない。そこでは子どもの間に存在する学力差を子どもの自然的な能力の差と考えるのではなく、教受＝学習の結果としてその学力差をなくす努力が必要であろう。

　教育評価とは、教師のめざす教育目標と子ども自身が学習課題と考えることの間の水準の差を、教育実践のなかで明確にし、<u>緊張関係</u>の中におくことによってその水準の差を次第に接近させ、子ども自身が、教師のねらう教育目標を自分自身の課題として達成しようとする意欲を与える契機と考えるべきであろう。

　上に述べた緊張関係とはなにか。一般に私たちの社会では、納得をもとめるより、説得を試みる、さらに説得を超えて強制する傾向が強いのではないだろうか。役人や法律家、医師、政治家などの振る舞いをみればあきらかであろう。教育という観念には、何かを相手に教えること（説得）がまず先行しているように思われる。そして、子どもの内面から湧き上がってくるものを（納得）、教えることに従属してしまう傾向があるのではないか。この教師による説得や子どもが納得するような働きかけと、子ども自身が納得する、それがぶつかりあう境界面を、緊張関係と呼びたい。

6　おわりに

　保護者や教師、生徒の作文から見えてきたものはなにか。それは、砂漠のような教室で一人、キャリアハイを目指していく生徒とそこから脱落する生徒の二分した姿であり、傍らで自己責任を鼓吹する教師の姿ではないか。保護者の励ましの声や要求は、なぜ生徒に届かないのか。保護者自身が、子どもに要求する、「立派な人」の内容が何であり、「何に向かって一生懸命」になるのかを教えることはできないからであろう。「五つの大切、十の反省」を唱えるだ

けで、自ら実践しようとしない保護者は、現代イソップ物語の生きた教材である。保護者は、子どもに対して自らの生き様を堂々と示すべきだろう。

　他方、中学校の課程さえ十分に習得できない子どもが多いということは、その子の伸びるべき才能と素質を、幼い時から十分に育てられないできているということである。　教育という仕事は、いかにオートメーション化を通り越し、AI化の大量生産の時代になろうと、依然として手間をかけ、一人ひとりを丹念に育てなければ実りのないものだ。このことは、K教諭に代表される教師のことばにその反射した姿をみることができる。なにか便利な方式を考え出し、子どもたちを一定の材質にそろえ、「商品」を生産するのと同じに、規格に合わないものをオシャカにしていくやり方は、人間に対する冒涜であって、許せない。

　現在、教育現場では「〜ができるようになる」ことを目的とした教育に舵を切ろうとしている。各学年で、身に付けるべき能力が一覧になっている。「主体的・対話的で深い学び」は、「なにができるようになるか」という資質能力論とでも言うべきものに従属させられ、単なる授業方法に矮小化されている。教育を、「できる」ことだけにしか意味を見出さない無味乾燥なものにするかどうか、ここに大きな思想対立がある。
　「学級経営」や「人材」、「PDCAサイクル」、「マネジメント」、「スタンダード」、「アセスメント」、「アカウンタビリティー」など、教育のことばではなく、経済・経営のことばが学校に蔓延している。学校が、子どもという原材料を仕入れ、加工し、学位などの保証書をつけて企業に送り出すことは教育なのだろうか。

　他方、視線を教員養成に目を移すと、目下、教職課程の再課程認定が進んでいる。教員採用における資本家の関与も激烈に進んでいる。教員養成の段階で

今後、「できる」ことを目指した授業が行われていくが、実際に子どもを担任している訳でもないのに、やり方だけを詰め込み、現場に出る前から自分は、「できる」から大丈夫、と思える学生は本当にいるのだろうか。文科省の文教政策の中には、「資質能力がある=授業ができる」という構図があるように思われる。教師の力量をあげることだけで学校を取り巻く問題は対処できないことはもちろんのこと、「できない」自分ばかり見つめ、文科省が提起する課題や方策に合った多くの技術や考え方を身につけることで、教師の資質・能力がつくはずがない。

現場から切り離された評価項目に即応する資質能力を、向上させることに追われる教師。そうではなくて、現実の目の前にいる子どもとの関係のなかに自らの仕事の意味を見つけ出すことが必要だろう。私自身、自分の為と思うと力が出ないが、人のため、この子のためと思うと力が湧いてくる。この子の教育のために、自分にどんなスキル、考え方が必要かを考え、日々、自己研さんに励んでいる。

そして、その自己研さんは、専門書を読んだり、ハウツー本に手を出したりするだけでなく、隣にいる先輩教員との関係においてなされる必要がある。わからないことを素直に聞ける職場、嫌がらず教えてくれる職場、子どもはすてき、教師の仕事は楽しいと思える職場の中でこそ、若く威勢が良いだけの私のような若手も成長できるのだと思う。隣の先輩教員をどこまでも信頼し、先輩教員との関係の中で、「教師の仕事とは何か」を問い、答えをだすことが、迂遠なように思えて、教師がなすべき重要な事柄なのだと思う。

私と同じ若きI先生は、この春、教職の世界を離れた。理由はわからない。辞任式で彼女はどのようなことを話したのだろうか。**「体育が得意な子も、苦手な子も楽しいと思えるような授業づくりをする！という目標に向かって一生懸命頑張ります。」**と言っていた1年後には辞めるような職場にしてはいけない。I先生のように熱い思いをもった教師が辞めなくて良い職場をつくることが、すべての教育実践の基礎であるように思う。

わが子のために何でもしてやりたい保護者の願い。しかし、我が子だけを特別に教育することができる一部の人を除けば、ますます多くの人が、それぞれの我が子の将来のためにも、個々人の思いをみんなの要求としてまとめ、みんなの力で実現していくほかに真の解決への道がないことに目覚め、立ち上がりつつある。

　教師集団が、企業や国家の選抜要求の防波堤になること、その内側で、ヒトが人材ではなく人間になるための教育、自己の存在価値をカネや地位、学歴で表す必要のない人間関係をつくることのできる教育、総じて人間の全面発達をめざした教育を、保護者とも協力して実践していくことが求められている。

了

　以上が、私の論文です。現代教育への疑問から障害児教育への傾倒へと向かう過渡期に書かれた論文であるため、批判は鋭くとも、自分の実践はありません。説得力が足りない論文です。しかし、どれだけ未熟であっても教育への熱意、目指すべき教育の姿、教師の役割を自覚した論文であり、私の原点です。

第2節　学力論議を実践に結びつける

　学力論争は、「『学力』ということばをどう使っているか」を明確にして論点整理すべきです。①社会的視点。社会が学習者にどのような学力を期待しているか。②臨床的視点。学習者自身にとってその「学力」を身につけることがどのような意味をもつのか。③認識論的視点。その学力が「知」としてどのような性質をもつか。①～③の視点に分けて考えることで学力を巡って様々な立場の教育観や教育要求が出会う土俵であり、あるべき教育とはどのようなものかを考える切

り口になるものと思われます。

　私にとっては、学力観が大きく転換したきっかけが二つほどあります。ひとつは、仲間との出会いです。大学時代に出会った方が、後輩に対し「お前が、ギリシャ語が読めるってことは、俺も読めるってことやねん。」と話していました。その方は、現在、労働組合活動を熱心にされています。仲間とつながることで、自分にできないこともできる、と言い切る姿がものすごく印象的でした。もうひとつは、生活綴方教育との出会いです。私にとっての生活綴方は、日本の民衆や知識人の伝統的な弱点である対決軸を自分の中に持たない学習の仕方、受験体制の下で拡大している自分で問題を持たなくても平気で勉強できるという傾向を、根本的に克服していくような学習観、学力観、知性観を提起するものでした。

　教員になってからは、教えるために学び続けることを意識しています。教員の職務というものは、子どもの教育や指導にあるわけですが、教えるためには自ら学んでおかなくてはなりません。しかも、教えた結果子どもが向上するなら、子どもはさらに学ぼうとします。それに応えるために教員はさらに学ばなければなりません。学ぶことにおわりがないとすれば、教えることにもおわりはないと考えられます。教育は相手の高まりに対応して自らも高まらなくてはならない、という循環的に発展する活動であることから、教育活動の前提として、その指導を担う教員自身の研究という取り組みが絶えず要求されるわけです。本書の執筆もその一環です。

　論文やこれまでの私の教育経験、教育実践から大人の学習観というものをとらえ直しますと、次のようなものになります。つまり、将来、人並みの生活をさせたい。そのためにそれなりの学校に進学させたい。そのためには、試験である程度の点数を取れるようにしてやりたい。そのためなら多少のお金を出してでも習い事をさせよう。これは、子どもの幸福をねがう親の気持ちではありますが、子

どもの人間としての自立を促していくために、なにをどのように学ばせる必要があるのかという学習の内容や質への問いはあいまいなままになっています。そして、将来の安定のために必要な点数を取る活動や能力として学習や学力をとらえているように思われます。自分でお金を出して３５点や６０点のテスト結果をもらっていたのでは、お金を出して「お前は馬鹿だ、お前は馬鹿だ。」と決めつけられているようなもので、子どもにとってたまったものではないでしょう。

　これに対し、近藤益雄氏の読み書きの指導についての考えは、いまの学力論議に対しても参考になります。大要、６点にまとめています。
　①特殊学級に入るほどの精神薄弱児にはやっぱり読み書きの力をつけてやるべきだ。②その理由は、その子どもたちに「人間らしい生活へのあこがれ」をとげさせてやるために。③また、そのあこがれをもたせ、燃え立たせてやるために。④また、読み書きの学習をすることで、勉強の楽しさやよろこびをもつことができるために。⑤また、いくらかでも読み書き力を、この子どもたちの生活に役に立つようにするために。⑥それらの力が、この子どもたちにいくらかの自信、いくらかの誇り、いくらかの幸福感を与えることができるために（それができないのなら読み書きの学習はしない方がよい。）。
　ここに見られる学力観の明快さ。障害児とされる子どもにどのような教科指導をなすべきか、学力はなんのために、どんな学力を、ということにはっきりとした解答が与えられていないでしょうか。

　私たちは、学校教育の中でそれなりの「生きるすべ」を得ています。大学卒業という学歴や教員免許など。しかし、「生きるかたち」や「生きざま」を得ることは少ないのではないでしょうか。
　人は、これまで世代から世代へと生きるかたちを伝える場をなんらかのかたちで確保してきました。家族や地域が典型でしょう。しかし、これが崩れ、個が個としてむき出しになっていく中で、学校はそれを代替する機能を果たすどころか、

むしろその個体化を推進する役割を果たしてきました。勉強すればするほど、受験に励めば励むほど、人とのつながりがなくなっていく疎外感を私自身が感じてきました。障害児教育を担うようになって、少なくともこの子たちには、無用な疎外感を味合わせるのではなく、勉強することで人と結びつくことができるような学力観・学習観を構想したい、と考えています。だとすれば、私たちが向かうべき方向は、生きるためのすべ（個々の能力・技能、知識）や生きる力を云々する前に、まずは人々の生きるかたちが子どもたちに見える場を用意しなければならない、と考えます。教師は自分の生きざまを堂々と見せるべきと考えます。そのことを念頭に、次章に進んでいきます。

第5章 授業とはなにか

第1節 教育の中で授業はどう位置づけられるか

　子どもは、無限ともいえる未来における可能性をもつ存在と言い切れます。この成長中の世代に働きかけ、子どものもつ可能性を現実性に転化する営み、学習を通じて子どもが現実的な能力を獲得するのを助ける営み、これが教育実践です。
　労働などの社会的実践は、その実践を通じて自らの自由を拡大するものです。働くことによって賃金を得、家族を養うことができます。家を購入すること、行ったことのない国へ旅行することも可能です。対して、教育実践は、対象である子どもの自由（子どもの生存や成長、発達、学習の権利を保障し、子どもが一人前に自立するうえで必要な人間的能力—労働能力の基礎、判断力、思考力、自分を主体的にコントロールする意志や個性的で豊かな感性など、人間的資質の形成の獲得など。）を拡大することが目指されます。また、その保障のために子どもに沿った厳しい課題を突きつけ、課題をやり遂げることを励まし、自由で自立した人間に育つことによって、教師自らも豊かになっていく実践です。

　この教育実践は、無軌道に進められるものではありません。教育課程が非常に重要なものとなります。教育課程とは、「青少年に望ましい発達を保障するために、学校で行う教育的働きかけの計画」を指します。具体的には、個々の学校において、その教職員によって、子どもを対象に、一定の教育的諸条件の下で編成されるものです。そして、教育課程を最終的に決定するものは何よりも教職員の力量であり、子どもの生活であり、学校における教育条件です。
　教育課程に沿って教育実践をすることで、はじめてその教育実践が「教訓を学び得る教育実践」となると考えます。教師が、指導において①目標設定→②計画→③実践→④評価の全過程を目的意識的なものとすべきです。加えて、障害児教

育にあっては、長期的な展望に立つ教育実践というものも求められます。

　少し古い話ですが、京都にある桃山養護学校の建学当初の教育課程は、教育実践を考える上で重要と考えます。１９７４年度の教育課程は、基本的視点として以下、５点が掲げられています。

（１）すべての子どもの発達権を保障する教育課程とする。
（２）あらゆる学習活動に、集団と労働（あそび）の観点を据える。
（３）子どもの発達要求に基づいて教育課程を組織する。
（４）学習活動の過程（創造と変革の過程）を重視する。
（５）教育課程の組織化にあたり、集団と学習領域とを統一的に捉える。

この内、（４）については、さらに詳述されています。

①　<u>からだをつくる活動</u>（健康の維持・増進、からだ、保健体育、あるく）。
②　<u>表現をゆたかにする活動</u>（創造的表現、リズム、音楽、図工、美術、かく、つくる等）。
③　<u>認識を育てる活動</u>
　　（a）自然や社会の認識をゆたかにする（社会、理科、あるく）。
　　（b）学習の基本をつくる（かず、かたち、数量、国語等）。
④　<u>外界にはたらきかけ、物をつくりだす活動</u>（仕事、労働）。

　これらの視点が現在の障害児教育においても極めて示唆に富むものと感じます。実際、第２部第５章「教育評価を行う」においてとりあげる通知表にもこれらの観点がエッセンスとして含まれています（『日本の教育８』２１６～２１７頁）。

さて、教育実践とよばれるものは、桃山養護学校の例を見るまでもなく、様々なものが含まれます。PTA活動や行事での指導、校外指導、進路指導など。しかし、教師が授業実践の中で最も多くの時間とエネルギーを注ぐのが授業実践です。それは、蓄積された人類文化のなかで価値があるものを仲立ちにしながら、教師が発展途上にある子どもに意図的に働きかけて発達を促す活動です。授業実践は、子どもを新しい文化創造の担い手になるように子どもの発達を援助する目的意識的な活動です。

第2節　授業の構造

　授業は、教材を媒介として子どもの発達を促進する営みです。1回の授業、1単元の授業などで、対象とする子どもの認識に働きかけて、この更新を生み出す行為なのです。したがって、授業以前の認識が授業を経ていかに変容するかが授業のめあてとなるのです。この授業という営みは、

　①子どもをどう見るか（子ども観）、
　②教材をどう捉えるか（教材観）、
　③教師の行為をどのように理解するか（教職観、教授法）

によって多様な広がりを見せます。

　①の子ども観については、対象学年の発達特性や認識の状況への研究と理解が求められます。授業は相手のある行為ですから、子ども理解が不足すると、子どもから相手にされません。
　②の教材観については、高校の公民科が主免の私からすれば「学問的力量」が必要だ、と言い切りたいのですが、ことに障害児教育に携わっていますと、難しいことを噛み砕いて子どもの学習に転化できる力が求められているように思い

ます。教師が文化的価値を見出し、どうしてもこの子に教えたいと思う教育内容が反映された教材を使って指導したい、と本気になれる教材に出会うことが重要です。加えて、教科書や副教材の解釈にとどまらない、独自の教材開発ができる力が必要と感じます。

　③の教授法（教育方法）は、授業の目標を定め、教材・教具を選び、指導し、学習を展開させ、その結果を評価する一連の方法を工夫することです。障害児教育に即して言いますと、共同活動が授業では重要と考えます。授業は、教師が主導性を発揮するのですが、一方的な働きかけだけでは通用しません。むしろ、教師と子どもたちの双方が働きかけ、働きかけられながら展開するものです。さまざまなねがいをもって授業に参加している子どもに寄り添いながら展開される授業が理想です。その共同活動の展開にあっては、教師と子どもたちの個性や人格がひびきあいますし、そのひびきあいの中で、子どもは価値ある文化を習得するだけでなく、教師や仲間の人格から影響を受けたり、あらたな意欲や能動性を引き出したりするのです。

第3節　教師と子どもの自己変革

　以前、私が勤務する学校で一人の若い教師が自殺しました。その後任にこれもまた一人の若い講師がやってきました。高学年の習熟の専科を務めることになっていた不安からなのか、職員朝会で挨拶を済ませた後、「指導書はありますか？」と事務職に聞く姿に違和感を覚えました。自殺した人が家に持ち帰ったのか、とにかく指導書は無い、と返事されるとあからさまに不安そうな表情を見せました。違和感の原因は、この方の教職員への挨拶にあります。つまり、「小中高と学校に行けないことが多かったですが、明るく楽しい学校をつくりたいです。」と話したのです。それにもかかわらず、定型的な授業の典型とも言える指導書に手を出すことが理解できませんでした。この方も自らの教育経験を振り返り、自分が不登校であったことを乗り越えるような授業・学校づくりをしたい、そのための

苦労は厭わないと言えるのであれば、指導書にすがることはないでしょう。なお、私は、いままで一度も指導書に頼ったことがありません。

　現代の学校において、教師は授業という名のシナリオを自ら用意しなくても、教科書や準拠教材によってシナリオは完成しており、それをアクター（俳優）としてどう演じていくかに重点が置かれる傾向があります。指導書を読むことが教材研究だ、というとんでもなく低俗な勘違いが現場に蔓延しています。子どもが尊敬する教師は、あれやこれやの教育技術を使いこなすことのできる教師ではないと思います。教育技術者とは対局の教育実践として、斎藤喜博が注目されます。以下に、その著書から「格調高い授業」と題した章から重要な部分を引用いたします。

　「授業は単に、教材そのものを知識として教えるとか、またそのなかにある法則を教えるとかいうことだけではない。中略、それ以上に大切なことは、教材の持っている本質的なものと、教師や子どもがその教材に対して最初に持っている、イメージや解釈や疑問、また学習の展開の過程のなかで、それぞれの心のなかにつくり出されていく、疑問や問題や解釈や興味を、たがいに結びあわせ、激突させ、追求していくことである。そういうなかで、それぞれの人間の、考えや解釈や疑問を、変化させたり、拡大させたり、深化させたりして、新しいイメージや解釈や疑問を、それぞれの人間に、また学級全体のなかに、高い調子を持ってつくり出させていくことである。」

と述べています（斎藤・７５頁）。これは、本章第２節授業の構造一段落目をもう少し詳しく述べたものです。また、「激突させ」の部分は、第４章第１節５教育目標と教育評価で論述した、教育評価とはなにかということに関係いたします。さらに引用を続けます。

「教師は、教材に精通し、それに対する自分の解釈やイメージをはっきりと持ち、また子どものひとりひとりの疑問や問題や考え方を知り、そのうえに、つぎつぎと変化していく子どもたちの、疑問や考えを、そのときどきに、はっきりととらえては、それを引き出したり、結び合わせたりして、学習を発展させていく力を持っていなければならない。」

と教師のあり方をまず述べています（同７５〜７６頁）。それによって初めて子どもに望ましい変容が見られるのだ、と主張するわけです。自己変革にとどまらない主張もなされます。

　「授業は、一つのたたかいである。普通の人間が、自己を脱皮し、自分をかえていくには、ひとりで内省していてできるものではない。相手と対決することによってできるものである。教育という仕事で、今の私が、私をかえていくには、中略、私の学校の先生たちと対決しなくてはならない。中略、授業の下手な先生とか、意識の弱い先生を、なんとか変えようとして、その先生と対決しなくてはならない。その対決の結果、中略、ひとりの先生が、授業がうまくなったり、意識が高くなったりしたとき、同時に私自身の理論なり実践なりが変革し、私自身の意識が変革されていく。」

と刺激的なことが述べられています（７６〜７７頁）。頭が痛いと言い換えることもできます。というのも、２年目研修で外部講師を招いての授業をされた先生の参観をしていたとき、目も当てられないような力量不足に対して、結局、なにも本人に言えなかったからです。社会の授業で緯度と経度を間違えて板書したまま授業を終えたり、大阪市の雨温図と札幌市の雨温図の目盛りが違うものであったり、北海道は安易に寒いと決めつけたり、教材研究が全くなっていなかったのですが、私より年齢が上だということで、外部講師に指摘することが精一杯でした。同僚の誤りを指摘できる職場はむしろ極少数でしょう。最後の引用をいたし

ます。

　「相手と対決するということは、結局は、自己と対決することである。自分とのたたかいをすることである。学校教育のなかでの授業は、そういう意味で、教師にとっても、子どもにとっても、きびしいたたかいの場面である。とくに教師にとっては、教材と対決し、子どもと対決することが、専門家としての力量を拡大し、教師としての責任をはたすための、自己対決、自己学習の最大の場面である。
　教師が、授業という仕事にそのように対し、一日一日の授業を新鮮に創造し、一日一日と自己を変革創造していったとき、その授業は、教師をかえるとともに、子どもに、追求・対決・発見・創造のエネルギーを点火し、学級全体の子どもを強力に組織し、学級全体や、ひとりひとりの子どもをも変革させていく。」

と格調高く述べられています（７７〜７８頁）。この主張をもって直ちに現在の同僚や学校、教育行政を批判することは慎むべきだとは思いますが、重要なことが述べられています。現在、子どもを変えることが目指されています。例えば、大阪市の小学校では、「正答率を７５％から７７％に上げる。」など具体的な数値目標を設定した「運営に関する計画」が立てられています。

　子どもを変える以前に、我々が変わらなければならない、という主張は正当だと思います。子どもを変えることに一生懸命になって、自分の職場では同僚の授業の間違い一つ指摘できない現状は、矛盾していると自覚しています。だからこそ、私は、現実の教育条件の中でできることとして、学校で誰よりも早く公開授業を行うこと、指導案への指導助言を広く求めたり、略案ではなく単元の指導案を書いたり、公開授業後には、研究通信を出したりするなど、できることに取り組んでいます。こういう教員がひとり居ることで、若手もやる気を出し、ベテランも下手な略案を出せない、という気持ちになってくれることを期待しています。

第4節　理論と現実の乖離

　教材研究を重ねてこれしかない、という指導案を書いてみても、実際に子どもに働きかけてみると全く違うものになったりすることはよくあります。教材研究をすることは必要ですが、その一方で、私たちは学んだことと現実の子どもとの「ずれ」ですとか、組み立てている指導の内容や方法と現実の子どもの「ずれ」に対して、誠実でなければならないと思います。その「ずれ」をとらえていくことが、理論と実践とを統一していく、その出発点になるものと思われます。

　私たちは、教育実践を仕事にしているわけです。ですから、常にその理論と実践の緊張関係の中で、あくまでも実践の立場から理論と批判的に向かい合うことが必要だということを、私は、日々痛感させられています。単に研究する、学問するといった場合、理論から実践をみたり、実践から理論をみる、この運動のなかに身を置くことだと考えます。私たちにあっては、それでは足りないのです。

　働きかけることで見えてくる、現実の子どもの姿の中にこそ、事実があり真実があるのだと思います。「子どもをありのままにとらえる」とも言えます。例えば、Aくんは、DQ５０だという数字は、理論的には正しいのだと思いますが、そのAくんの現実の姿をDQ５０という数字から語ることはできませんし、どんな教育が必要なのかということについても導き出されないでしょう。あるいは、自閉症児Bくんは、「常同的な行動をする」ことは、理屈の上ではそのようにとらえられるかもしれませんが、そこからBくんの内面世界は何も見えてきません。つまり、これらのことばは、本質を認識していくような尺度たり得ないのです。

第5節　すべては教師論に集約される

　いまの授業や教育理論は、どのように教材を並べれば多くの子どもに分かりやすいか、といったことを定式化することに大きな比重が置かれています。しかし、子どもが信頼を寄せ、人間としての権威を感じるのは、いつでもどこでも誰でも使えるような「技術」や「方法」を多く知っていて、それをあれこれ使い分けてみせるような教師に対してではないでしょう。

　授業を含めた教育活動の成果は、すべて子どもの成長・発達に収れんされます。教育者はそれによってのみ、ささやかに報いられる労働をしているのです。教材の扱い方や発問、板書などは、指導書を読めばある程度形にはなりますが、子どもがそれによって、人間的に成長するか、というとそうとは言えないと思いますし、むしろ落ちこぼれをつくるとすら思います。ですから、これまで述べてきた授業論などは、一人の教師が一心に担う、その教師の人格によって体現されるのです。

　子どもと心を通わせる力量が決定的に重要になるのですが、難しい問題ですから、理論的には解明されないでいます。こういう事態に対して、映画監督の山田洋次は、

　「それは芝居で言うと脚本論と演出論ばかりやっているようなもので、どういう役者がいるか、どういう演出家がいるかということを無視して、脚本論と演出論がちゃんと極められればみんないい役者、いい演出家になれると錯覚しているようなものなのでしょうね。」

と述べています（田中・７３～７４頁）。いい脚本論といい演出論があれば、ど

んな俳優だっていい俳優になれるというのと同じで、教育内容と教育方法の研究があれば、どんな教師もいい教師になれると言っているのではないでしょうか。そこには、教師論が決定的に抜けているのです。そういう問題意識をもって、次章につなげていきます。

第6章　困難の時代を教師として生きる

第1節　私にとっての困難

　本章では、教師論を述べます。先日、保護者から「教育者としてどうかと思います。」と私のことを通常学級の担任あてに伝えられました。理由は、わかりません。就業時間を超えて家庭訪問に行ったにもかかわらず、「事務的な人だと思った」と通常学級の担任に話していたそうです。子どものためにと思って教育活動に真剣に取り組んでいても報われません。折れそうになります。障害児の親は、とにかく保護者対応が大変だと思います。関係教員との話し合いで、私が、「子どもがどう思っているか、子どもの話が全く出てこないので、そこが困ります。」と、当の子どもがどう考えているのかを聞かないといけないのではないか、と意見しました。母親は、「水本先生が、うちの子に何か話したりすれば怒鳴り込みに行く。」と通常学級担任に伝えたそうです。結局、その子は算数科のみ抽出していたのですが、通常学級での学習をすることになりました。

　野球で例えますと、これまで私とその子どもは、マウンドでキャッチボールをしていたのです。それが、場外で母親が私にヤジを飛ばし、特別支援コーディネーターや通常学級担任、教頭がこれもまた場外で交渉し、ある日突然、キャッチボールをしていた子どもがマウンドから居なくなる。そして、「どんなボールを投げていた？」「相手が受けられない球を投げたんじゃないか？」「子どもからのボールをきちんと受け止めたか？」など、場外から追及され、結局、私もマウンドを降りざるを得なくなる、という感覚があります。

　別の事例では、虐待が原因で児童養護施設にいた子ども2人が、母親に引き取られて転入してきました。一人は、支援学級に在籍することになりましたが、す

ぐに欠席が続きました。登校したときに連絡帳を受け取りに行くと、膝にガーゼが貼ってありました。「どないしてん？大丈夫なんか？」と聞くと、「5個（5箇所の意）ケガした。」と言うので、「なんで？」と聞いてみると、「自転車から落ちた。」と一瞬戸惑ってから答えました。すぐにコーディネーターに、要保護児童の無断欠席後のケガは、管理職などに報告する必要がある、と伝えましたが、その後どうなったかわかりません。

　いつも何よりも私をとらえるのは、子どもたちです。子どもたちの力がどれほど成長し発展しているか、人格がどれほど開花しているか、を目のあたり見ることです。子どもの人格の全面開花、これこそが私を魅了するのですが、現実には、子どもと心通わせるまでには大変な障害物があるように感じます。子どもに魅了されながら、その子どもが遠いところに置かれている、そんな感覚が私にとっての困難の一つです。

　教師を変えるもの、形づくるものは、子どもとの出会いだと思います。私の場合もたまたま支援学級に縁があり、そこでの困難な場面に出くわした経験が、教師としての自覚や使命感を湧かせてくれています。「できない子はいくら手を尽くしてもだめだ。分に応じたことしかやれないし、それ以上のことは骨折り損のくたびれ儲けだ。かわいそうだが、仕方がない。」このような教育観は、そこまでおかしいものでしょうか。突拍子もなく、差別的な考えでしょうか。私は、こういう雰囲気は、ことばに出さなくても蔓延していると思いますが、いかがでしょう？こういう感覚が、子どもとの関係の中で変わっていったのです。それが、いざ教師をやり続けるとなると、子どもが遠いところに居るような感覚、あきらめないといけない場面が多いのです。

　教師が保護者や地域、教育委員会などの外部評価を意識すればするほど、本来子どもの最善の利益のために行われるべき教育行為が、外部評価のための行為へ

と変質してはいないでしょうか。保護者が場外でヤジを飛ばしたから、私はその子どもに教科指導もできなくなりました。あるいは、時間をかけた指導よりも即効性のある対処が優先されているような気がしてならないのです。

　子どもは一気に変わるものではないですし、私たち教師についても同じことが言えます。だからこそ、教育という営みを通して時間をかけて変容させようとするわけです。教育がそういう営みでありながら、それを知りながら、現実には性急な変容が子どもにも教師にも求められています。担任を外すということは、即効性があります。しかし、それで子どもの利益になったと言えるかどうか、大変疑問です。保護者からのヤジに対して担任を外すことで、管理職やコーディネーターは、ひとまず心の安定を得ることになるわけですが、それ以上ではありません。

　このような学校現場の現状は、企業において株価や株主を意識するあまり、短絡的な利益追求とリストラのみが優先される事態に似ていると思います。結局、本来の目的と手段が逆転してしまうのです。教師にも親という消費者に選択されるべき商品として際限のない「PDCAサイクル」に基づく改善が求められています。いくつもの評価・監視の中で自己の商品価値を維持しなければならない現実があります。こういう厳しい現実に対抗できる教師論が求められます。

第2節　教師を取り巻く社会状況

　子どもは、いろいろな生活を背負って学校に登校します。現在の勤務校の近くには、朝鮮学校がありますし、土地柄、貧しい家庭も多いです。担任をしていると、学校がまさに社会の縮図だと痛感させられます。子どもの虐待一つとってみても、そこには親の生活のしんどさ、非正規雇用に片親という切羽詰まった現実があるかもしれませんし、中小企業の経営難、中小企業に対する大企業の搾取

構造、高い税負担など、巨視的に見ていくと、結局、社会のありように行き着くのです。

　教育史を仔細に振り返ることはいたしませんが、日本の教育が経済界の要請をうけて、高度経済成長以降に能力主義・競争至上主義を鮮明にしています。そこでの人間疎外によって、８０年台以降のいじめなどの教育病理が起きた、というのが通説的な理解でしょう。私は、小学校に勤務していますが、かなりの割合で高学年の子どもは中学受験します。小学校段階から、ハイタレントになるための競争が繰り広げられています。

　第４章ですでに述べたことですが、競争を煽る親の気持ちとしては、将来が展望できない不安、少しでも安定した職について欲しい、という素朴な思いでしょう。そうしますと、将来を展望できない今の日本社会の現実が直接、親の教育姿勢を規定しているわけです。

　子どもたちの教育の成果は、会社に入って、その生産過程でスクラップされます。居酒屋の「和民」で名ばかり店長をさせられ自殺した女性、東大出身で電通に入社したものの自殺した女性、あるいは私の勤務校で自殺した新卒の先生にとっての教育とは、いったい何だったのでしょうか。彼女らは、教育の目的を達成し、大学卒業で社会人というそれなりの地位を得て、親も安心したはずです。にもかかわらず、自らの命を絶つほどの容赦できない矛盾に、教育の危機、社会の危機が集約されてはいないでしょうか。

　日本社会の現実を見ますと産業の空洞化、企業の海外移転など解決の難しい課題が山積しています。それらに対応するために、人間を人材に仕立て上げ、人的能力を徹底的に使うことで、経営の改善が目指されています。それに呼応して、学校教育が現在の日本社会で一定の職業、地位を得るための一つの有力な保証に

ならんとしているのです。少なくとも学歴に代わる能力指標を私たちは持ち合わせていないと思われます。家庭の方では、我が子を少しでも高価な商品にするために血道をあげています。学習塾の方では、中学受験から合格者の顔写真を載せた新聞広告でその成果を誇っています。まだ１２歳の少年が、人生の勝利者然と笑顔をつくって新聞広告にのり、失敗者はクラス全員の前で屈辱感に耐えるといったことが、彼ら自身の将来にとってよいはずがないでしょう。

　過熱する受験戦争が、同時にいじめや登校拒否といった学校社会の病理現象を歯止め無いものとしています。このような状態にだれもが改革の必要性を感じています。

　その改革を担うはずの教師を取り巻く状況も大変厳しいものとなっています。教員も使い捨て、メンタルで病休とる正規職の穴埋めをするのは、常勤講師です。教員採用試験では、他者よりも自分が１点でも多く点を取るための行動をし、隣の受験生を蹴落とす作業をします。採用されたとしても低賃金・重労働・重責がのしかかります。それが嫌で、私などは教員採用試験を受けてきませんでした。

　学校は、表向きは「ゆとりの日」を設け帰宅を促しますが、校務用パソコンは家に持ち帰ることができるようになっており、家で仕事するはめになります。家庭の中に仕事を持ち帰って来られては、家族の負担も増えます。結局、企業戦士のように働かなくてはならないので、教材研究などの時間はありません。そのため、授業は定型的で刺激のないものにならざるを得なくなります。私が勤めている市では、辞任式・離任式がなくなり、子どもとの別れが、すごくドライになっています。こういう現状が、悪循環とわかっていながら放置されています。教職員組合も力を発揮できていません。

第3節　支援学級担任として生きる

　教育改革の主体は、教師が担うしかありません。保護者や教育委員会、議員、学者ではありません。教師は、批判され、査定され、制約されることでそのパフォーマンスを向上させるのではないのです。そうではなくて、支持され、勇気づけられ、自由を保障されることで力を発揮するのです。

　保護者や教育行政にがんじがらめにされる厳しい現実があります。それでも私は、すべてを自己中心に理屈づけて、割り切ってしか行動できない功利的な合理主義が大嫌いです。たしかに、法学部卒業生として、「何かあれば訴訟を起こすことができる。」と考えてみたり、目の前で起きる理不尽に対して「自分の人生に関係ない」と割り切らなければ、メンタルがおかしくなるときがあります。それでも、子どもの前では窮屈な合理主義には背を向けて、損をしても損をしても一直線に本当の人間の美しさに生き抜く非合理の世界、そうしたものこそが私が愛してやまない世界です。

　現在、すべてが合理的になっている社会の中で、だんだん失われていく温かい人間の心を、真実の人間性をむしろ障害児とよばれる子どもたちが奥深くもっているように感じます。そのような子どもと触れ合う支援学級担任に求められている専門性として、以下、5点挙げられます。

（1）健常者の中で少数派の子どもをどう守り育てるか。
（2）同年齢集団の課題が遂行される中で、どのように個別の課題を押し込んで育てていくか。
（3）保護者のねがいをどのように受け止め、現実的で効果的な課題の中に組み込んでいくか。

（４）保護者からの尊敬と信頼のない状態から出発して、教育者としてどのように保護者の信頼を得、自立的に教育活動を展開していくかを考えること。
（５）同じ学校の教員仲間からの信頼を得ること。

　これらを教員個人としてではなく、学校全体で協力体制を組むことになるのです。どれも大変に難しい課題です（高橋・５４頁）。私は、ようやく知的障害学級の授業が成立するようになった段階で、支援学級担任としてはまだまだ序の口です。それでも教師を続けられるのは、同僚の存在ということになろうかと思います。

　同僚性については、第４章第１節でも述べたことが妥当します。加えて言いますと、一度、勇気を振り絞って自分で問題を解決してみる、試行錯誤をうながす余裕、それを見守ることが、同僚関係では必要なことではないか、と思っています。自分ではなにも問題意識を持たずに「報・連・相」を意識するだけで、「どうしたらいいですか」とか「間違いはないですか」と逐一確かめるだけでは、教師として自立できないと思うのです。自分の判断で取り組んだことをカバーしてくれる教師集団を作りたいと思いますし、そういう教師集団の中で私自身が成長していきたいと思っています。

　現在、教職の世界はブラックだ、と嫌厭されがちです。それでも教育の現場には自ら身体を動かし、子どもたちと肌と肌を直接触れ合わせ、心と心を通わせようとする青年がたしかに存在します。「はしがき」に登場させた新卒の先生もすごく不器用で社会人としても問題が多いです。それでも、「これしかない」という生き方をしています。

　目に見える知力や体力には限りがあります。しかし目に見えない生命の存在を、その温かさを、支えの必要な子どもの笑顔によって教えられた時、私たちは涙す

るのです。その涙は、「生きる」ことの厳しさでなく、優しさに包まれた時に初めて溢れるのです。この涙を沢山の人々と共有できる教育の未来をつくりたいです。

　教師、支援学級担任として生きるということは、苦しく、悩み多いですが、楽しい仕事です。理想が生活と結びつく仕事というものは数少ないと思います。理想と生活が結びつく仕事ほど楽しいものはありません。障害を持った子どもとともに理想を勝ち取ろうと真剣に努力しますと、生活が成り立ちます。生活のために真剣に努力しますと、理想が成り立っていきます。このような仕事につく私たちは、間違いなく現代の幸福者の一人です。

第2部

第1章　同僚の指導案を読み、授業を観察する

第1節　指導案を読む視点

　本節では、これまで私が読んできた指導案について取り上げ、指導案の読み方を述べていきます。指導案を読む視点として以下の4点が挙げられます。

（1）授業者の授業意図はなにか。それは、どのような授業目標になっているか。
（2）子どもの実態はどのように捉えられているか。
（3）教材のメリットもしくはデメリットをどのようにとらえているか。
（4）指導の手だてや学習活動はどのようなものが設定されているか。

　これら4点は、指導案を読む際に意識したいものです。（1）の授業意図と授業の目標について実際の指導案から見ていきましょう。

指導案A （単元名；いろいろなやりかたをくらべてかんがえよう）	指導案B （単元名；障がい理解学習「障がいって何？なかよし学級って何？」）
単元の目標 ○文章を読んで似ているところや違うところを考え、自分のやってみたいやり方を伝えることができる。 ・文章の中の大事な言葉や文を書き抜くこと（Cエ）。 ・文章の内容と自分の経験とを結びつけて、自分の思いや考えをまとめ、発表し合うこと（Cオ）。 ・自分の経験を思い出したり、やってみたい方法を考えたりして、書くことを決めている（Cア）。	単元の目標 ＜全児童＞ ・「障害」とはなにかを理解する。 ・自分と友達の違いを理解し、互いに認められるようになる。 ・自分や友達を大切にする気持ちをもてるようになる。 ＜特別支援学級在籍児童＞ ・自分の頑張っているところを自分でも知り、自信をもって学習を行える気持ちを育む。

　この二つの指導案は、いずれも過去に勤務した学校の同僚教員が書いたものです。指導案Aは、1年生担任の方が初任研で国語科の指導案として書いたものです。指導案Bは、教師歴10年を超えた特別支援教育を専門とされている方が書いたものです。

　まず、そもそも単元とは何か、その定義をはっきりさせましょう。意外と曖昧なまま使われています。単元とは、ひと連なりの学習活動を通じて子どもたちが獲得する教材、経験、知識、技術のまとまりを指します。この単元は、さらに分類されます。①教材単元とは、特定の知識内容（教材）のまとまりで単元構成するものです。②経験単元は、子どもの経験や生活を組織してまとまりを構成する

ものです。

　指導案Aは、小学校1年生の国語「はがぬけたらどうするの」が教材として使われており、あきらかに教材単元として構成されています。指導案Bは、基本的に経験単元として構成されています。

　指導案Aの授業意図を読んでみてどのように思われたでしょうか。どこかの指導書や指導要領解説からそのまま引き写したというのが正直なところではないでしょうか。それ故、「自分の経験と結びつけて、自分の思いや考えをまとめ、発表し合うこと」がものすごく貧しい内容でしか書かれていません。自分の経験と結びつけるとは、歯が抜けた経験と教材で書かれている各国の文化を知ることを意味していると思われます。この指導案の中で欠落していることは、歯が抜けるということが子どもにとってどういうことを意味するのかということです。その思いを授業に生かさないで、単に子どもは「歯が抜けた経験がある」から「身近」で「各国の文化を知る」ことができ、「自分の意見を発表できる」と単元化しているように思われます。

　対して、指導案Bでは、目標を通常学級児童と特別支援学級在籍児童によって分け、子どもから出発した授業づくりが意図されています。さらに「障がい」の知識と実際の自分たちの気持ちの両方を伸ばそうとしています。

　次に、単元観及び指導観を比較します。長文になるため、ポイントをしぼって述べます。

		単元観・指導観
指導案A		<指導観> ・挿絵からイメージを膨らませ、自分は歯が抜けたらどうするか話し合わせる。 ・範読し、初発の感想を書き、発表する。 ・６カ国の特徴を読み取り、ノートにまとめる。 ・読み取る際は、「すること」「どうしてそうするのか」の二つの観点ごとに色分けして線を引きながら読み取らせる。 ・観点ごとにノートにまとめ、似ているところをさがす。 ・各国の習慣をまとめ、そこに込められた願いや思いを自分で考える。 ・全ての国に共通する願いに気づくようにしたい。
指導案B		<単元観> ・４年生という学年は、１０歳の発達の節目を迎え、抽象的思考が可能となる。 ・自分が経験していないことでも、相手の立場に立って想像することができる。 ・これまで、アイマスク体験や車椅子体験を経験してきた。 ・絵本「ぼくってふしぎくん」を人権学習で読んだ。 ・これらの学習を土台に、支援学級在籍児童の良いところをみつけられるようにし、障害を正しく理解させたい。 <指導観> ・授業前アンケートで、①支援学級在籍児童数、②授業方法、③教室のつくり、④先生の苦労、⑤支援学級設置時期について質問があった。 ・「なかよし学級は暴れてしまう人ばかりだと思いましたが、暴れ

	なくて私たちと同じような人がいました。なかよし学級にはどのような人がいるのですか?」といった、子どもたちなりに自分となかよし学級の子どもとの違いや同じところに目を向けた解答もあった。
・目に見える障害と目に見えない障害があることをおさえる。
・障害は、内的要因のみならず外的要因もあることをおさえる。
・外的要因について、社会の一員として障害を理解することでなくなっていくということも伝えたい。
・発達については、ゆっくりの人もいるが、発達しない人はいないことを伝えたい。

　指導案Aに関しては、単元の目標と単元観がほぼ同じものとなっていましたので、指導観のみ記載しました。「自分は歯が抜けたらどうするか」ということが単元の出発点になっています。本来、子どもにとって、「どうするか」以前に、「怖い」「痛い」「食べにくい」「血が出た」「泣きそう」「すっきりした」「ベロでさわると穴がある」「大人の歯が生えてくるのが楽しみ」という感情がごちゃまぜになって現れるのではないでしょうか。そうした思いを十分に交流することで、初めて、「全ての国に共通する願いに気づく」ことができるようになると考えます。

　指導案Bは、まず「10歳の発達の節目を迎え、抽象的思考」ができるようになると、子どもを科学的に捉えます。さらに、これまでのアイマスク体験などの具体的な体験にも触れ、障害をもって生きる大変さを痛感した。しかし、あくまでもそれは目に見える障害についてであって、目に見えない障害について具体的に体験することはできなくても、「自分が経験していないことでも、相手の立場に立って想像」することは可能だ、と期待を込めています。この授業で、支援学級在籍児童の目に見えないつらさ、困難に思いを馳せてほしいと書かれています。

そこには、指導者の子どもの発達への揺るぎない信頼と人間への愛情を感じることができます。

次に、児童観を見比べましょう。ポイントをしぼって取り上げます。

	児童観
指導案A	・話すことが大好きで、昨日の出来事や思いついてことを自由に話す。 ・しかし、学習中になると大きな声で話せなかったりする。 ・毎日、日記を書くことで、自分の気持ちを書くことができるようになった児童も増えた。 ・読解に積極的に取り組む児童が多いが、教科書などの内容を理解し、的確にとらえることができる児童と、内容をイメージできなかったり、理解しきれなかったりする児童がいる。大切な部分を読み取ることやまとめる力に差があるように感じる。
指導案B	・本校第四学年には、支援学級在籍児童が１０名いる。 ・障害状況もさまざまである。 ・同じ発達障害でも子どもたちによって、学校生活の中での困難は様々であり、周りの友だちから理解されにくく、つらい思いをした児童もいる。 ・多くの児童がなかよし学級の子どもと同じクラスになったとき、はじめは戸惑う。 ・しかし、頑張っているところ、成長したところを見つけられるようになってきている。 ・先日の学習参観では、「１年生のときはお母さんのところに行っていたけれど、今年は『ママ』って言うだけでみんなと一緒にできたね。」と通常学級の子どもが支援学級の子どもの成長に目を向け、声をかけてくれることもあった。

指導案の中の児童観は大変重要です。小学校では、児童観、中学校や高校では生徒観と呼ばれます。特徴として、全科担任の小学校では、児童観が最初に指導案に書かれます。教科担任の中学校や高校では、生徒観は指導観などの後に来ることが多いです。本来であれば、児童観や生徒観は最初に書くべきです。児童観については、授業アンケートの結果（「国語は好きですと答えた児童の割合は○○％でした。」等）や「真面目な児童が多い」などの書きぶりは感心できません。あくまで、担任として見えている子どもの姿を書くべきです。その人にしか捉えられない子どもの姿を書いてほしいと思います。

　そうしますと、指導案Ａというものも子どもの具体的な姿が書かれているという意味で必ずしも悪いものではありません。「大切な部分を読み取ることやまとめる力に差があるように感じる。」と本音も垣間見えます。指導案からは、「書くことができても上手く発表できない」子どもの実態を読み取ることができます。

　先ほど、児童観について、その担任にしか捉えられない子どもの姿を書くべきだ、と述べました。例えば、ＩＱ７０という情報で、授業は組み立てられるでしょうか。単元観や指導観、教材観につながる児童観とするべきでしょう。そうしますと、指導案Ｂの児童観の良さが見えてきませんでしょうか。
つまり、「多くの児童がなかよし学級の子どもと同じクラスになったとき、はじめは戸惑う。」ものの、「頑張っているところ、成長したところを見つけられるようになってきている。」と子どもを静的にとらえるだけではなく、動的にとらえています。この点、指導案Ｂの良さが際立ちます。それだけでなく、「先日の学習参観では、『１年生のときはお母さんのところに行っていたけれど、今年は「ママ」って言うだけでみんなと一緒にできたね。』と通常学級の子どもが支援学級の子どもの成長に目を向け、声をかけてくれることもあった。」と実際の子どもの声を載せていることも大きな魅力となっています。指導案Ａと指導案Ｂのどちらが子どもに肉薄しているか、あきらかではないでしょうか。

第2節　授業観察の基礎・基本

　指導案を読み、実際に授業を観察することで、自分自身の教育実践に生かすこと、これが授業観察最大の目的です。授業観察に際して、まず、礼儀・心遣いという基本的な点について述べます。7点あります。

　（1）授業の前に授業者にむやみに話しかけない。
　　　　・授業者への挨拶も不要です。目礼で十分です。
　（2）私語を控える。
　　　　・子どもに聞こえるような話し声は迷惑以外の何物でもありません。
　（3）指導案や研究紀要をめくる音に気をつける。
　　　　・授業を見ずに指導案を見るなどは論外です。
　（4）児童に話しかけない。
　　　　・児童の興味・関心が別なところにいってしまいます。
　（5）授業者の主張を中心に参観する。
　　　　・授業者がその授業で何を主張しているのかをつかんだうえで、参観することが大切です。
　（6）教室にむやみに出入りしない。
　　　　・移動するのであれば、最初から廊下で参観するなどの心遣いが必要です。
　（7）授業後は、何らかの形で授業者へ「学び」をわたす。
　　　　・研究討議会での発言やメモ、アンケートなど。

　以上、7点が基本的な心構えでしょう（『研究授業のやり方見方』156〜157頁）。次に、参観にあたってどのような視点が必要か、5点にわたって述べます。

（1）子どもの実態に基づいて、適切な授業目標が設定されているか。
　（2）授業行為は、子どもが学習活動を適切に行うようになされているか。
　（3）教材、教具は授業目標を反映したもので、子どもの学習活動を促すものかどうか。
　（4）学習活動は、授業目標に沿った形でなされているか。
　（5）教授行為や教材・教具、学習活動は子どもの実態からかけ離れたところで考えられたものではないか。

　これらが、参加者が授業前に意識しなければならないことです（大田・１５９頁）。そして、授業が終わったら、その授業はどうであったか振り返るための着眼点を、５つ挙げておきます。

　（1）教授の目的を達成したかどうか。
　（2）参観者が感動を得たかどうか。
　（3）教材の急所（あるいは山場）をいかに取り扱っていたか。
　（4）子どもをいかに精神的に活動させているか。
　（5）時間の扱い方がどうであったか。

　これらを省察することで、その後の授業アンケートや討議会での発言に生かれます。また、年配の教員の研究授業へのコメントを求められると、言葉に詰まることが多いのですが、（2）の自分がどこの場面で感動したかを伝えることはできます（太田・１３６〜１３７頁）。

　授業観察に際して、授業記録をとることが絶対に必要になります。何のためにとるのか、というと、自分の授業改善のためです。ビデオカメラなど機材を使うことが一般的になっていますが、基本的には、筆記することが求められま

す。参観しながら、十分に自分の考えなどをまとめることができようにしたいものです。次の、4点を書きましょう。

    （1）教師の発言
    （2）子どもの発言のポイント
    （3）授業の代案
    （4）自分に無いこと
        ・顔の表情、声の抑揚など自分より優れていることは書く。

第3節　授業観察の実践事例

　さて、これから私が実際に観察した授業でとった記録や授業者への手紙について紹介いたします。しかし、一般的に支援学級担任は同僚の研究授業を観る機会に恵まれていません。といいますのも、通常学級担任であれば自習にすることができ、教室に子どもを置いたままで授業観察に行くことができます。一方、支援学級担任はそれができません。目が離せない子どもも多いため、45分間も授業観察する機会を得ることは稀です。これから紹介しますのは、指導案Bの授業の記録です。支援学級担任のM先生による4年生全員を対象にした授業です。

授業記録（障害理解授業）

記録　水本

<u>障害って何？</u>

こみや　「障害でーす！」　障害の説明中に発言。

はると　「かいちゃん！」とよびかける。

かいと　「オレは見えない。」目に見える障害とそうでない障害の説明中、PCをみながら。「ことばの・・・目に見えない方に入るな。」と話す。

ひなた　目に見えない障害をかかえた人にどう接すれば良い？との発問に対し挙手して「手本を見せる」と発言。

<u>発達って何？</u>

かいと　「たとえば、はーちゃんみたいにことばがまだわからない人みたいな」とはなす。

こみや　「ギャオギャオ」　赤ちゃんは最初何をする？の発問に対し。
　　　　挙手するもあたらず。「バブバブ」
　　　　発問「苦手なことっていっぱいあるよね？」に対し「はい」と。

かいと　発達の階段をのぼるとき、ディスプレイのまえで、グーを２つ重ねる。何かを話し始めるが、中断。グー２つは、カタツムリ？階段？

こみや　発問「なかよし集会ってなにをするの？」に対し、「あそんでます」と言ったあと、「あそんでるわけないやん」と言い直す。

かいと　「じゃあ、かいちゃん、さいごあてて」に対し、「にしおさん」と指をさして指名する。

こみや　「１１ぴきのねことどろんこ！」と昨年の劇の説明をする。

かいと　授業者に促されてその絵本をもってくる。なかよし１まで走っていく。

はると　持ってきた絵本に手をのばす。「かいちゃん！」と言う。

かいと	再度、「なかよしの教科書」を持ってくるよう促されると、廊下を走って、なかよし1へ。特別支援学級用の教科書「ゆっくり・・・」と漢字のフラッシュカード、「かずあそび」を。かいちゃんが<u>使っていない教材</u>。多目的室に帰ってくると、「まだ紹介してないのないかな？」と私に聞く。「かいちゃん、時間みてみ。これ、紹介したらおわりやで。」と話すと、膝に座る。私の膝に来るの、はじめてじゃないかな。
こみや	「あってよかった」他府県の様子や義務制の説明中に発言。

　これが、授業を観察しながらとったメモです。私は、支援学級担任でしたので、支援学級在籍児童を中心に見ていました。途中、多目的室から支援学級の教室に教材を取りに行ったりしましたので、その間のことはわかりません。この程度のメモが取れると、第1節、2節で述べたことが生かせていると考えます。

この授業記録と一緒に授業者へ授業の感想を手紙にして伝えました。それを紹介します。

M先生

公開授業の感想

①指導案について
　「児童観」が良いです。児童観は、子ども一般を述べるものではなく、その人にしか捉えられない子どもの実態を述べてほしい、と私は思っています。二段落目と三段落目は、先生にしか分からない、書けない児童観です。二段落目の「多くの児童が特別支援学級の在籍児童と同じクラスになったとき、はじめは戸惑う」と異質なものが気になる子どもをありのまま捉えていること、でも実際に一緒に過ごしていくとそうではない、と認識が深まっていく。その子どもの実態から指導を組み立てていく、それが単元観で、子どもを科学的に捉える視点（一段落目）につながっているようにおもいます。
　単元の目標は欲張っているなぁ、と思います。特に、一つ目の「障害とはなにかを理解する」のは難しいのでは？単元観の7行目「正しく障がいを理解する」の正しさってなんだろう？「正しい」価値観がすでにあって、そこに向けて子どもを「到達」させるのでしょうか。
　事前・事後アンケートを読んでも、「知りたい」「知れた」が大勢を占めていないでしょうか。社会に生起する現実を正確に見ても、自分のそれに対する感情が表現されないことには、その現実は自分自身のリアルな現実にならないと私は考えます。古臭い議論かもしれませんが、「わかる」ことと「生きる」こと、これが統一されないといけない、とかんがえます。正確に「知れた」ところで「理解」につながるでしょうか？つながるとして、つなげるような指導過程になっているかどうか。

展開では、学習活動の最後のセンテンス「同じ学年にいる友だちと過ごせることを貴重なことであると感じる。」が子どもの実態に応じた現実的な目標だと思います。そしてここがこの授業の急所（山場）ではないでしょうか。

②授業について

まず、私自身の立場がTTなのか、観察授業に参加している人なのか、悩みました。結論的には、どっちもです。それから、飛び込み授業って難しいだろうな、と思いました。私ならどうするだろう・・・。

①で述べたことに沿って、こみや君の発言を追っていきます。最初、みんなの中に入れなかった小宮くん。列に入っても、障害の説明中に「障害でーす」とおそらく自分のことを話していました。それが、発達の説明をしているとき、「苦手なことっていっぱいあるよね？」と自分の苦手を受容してくれるような発言に対して、「はい！」と。この先生の発問が、彼の本時での態度、認識を変える起点になったように思います。他府県の様子、養護学校義務制、就学猶予の問題（尚、先生もご存知だと思いますが、今も存在しています。）に及ぶと、「なかよしあってよかった」と自分を受け入れてくれる環境を「貴重なことであると感じ」る変容が見られました。

このこみや君の姿をみていると、ひとつの授業仮説・研究仮説が私にうまれました。それは、「そもそも自己肯定感がなければ、自他の障害を理解することはできないのではないか」「自己肯定感をたかめるような学校生活があれば、障害児への理解は深まるのではないか」ということです。

自己肯定感とは、「自分のダメなところや否定的な面をも受容し、それらをふくめた自分の存在を愛し、肯定できる感覚のことである。したがってそれは、他者の評価に支配されずに自分がほんとうに感じたり、思ったりしたことを受容し、それを主張したり、それにしたがって生きることのできる感覚」と、さしあたり定義して良いと思います（大阪教育文化センター『二十一世紀をになう子どもたち』京都法政出版、１９９２年）。

私は、こみやくんをみてこの自己肯定感というキーワードが頭に浮かびました。彼の中で、こういうものが行きつ戻りつしたから発言の変容がみられたのではないでしょうか。さらに教文センターは、自己肯定感を育てるために4つ提起しています。そのなかに、「生育史において豊かな感動体験」があることも重要視されています。

　どうして、このことが出てくるかというと、先生の「多くの児童が特別支援学級の在籍児童と同じクラスになったとき、はじめは戸惑う」と述べた児童観があるからです。そしてそれが、ダウン症児への理解、優しい声かけに変容しうること。このことは、わたしが担任しているいとう君についてもあてはまるように思います。最初、「こいつ」と言われていたいとう君も、いまでは「そうちゃん」と呼ばれ、はるほ君に遊んでもらえるまでになっています。最初、「嫌」だったのが、「好き」になる、その感情の逆転ドラマが学校に溢れている、あふれさせるような、学級づくりによって、子どもは変わる、大人も変わる、そういう意味において、子どもと子ども、大人同士、大人と子どもの関係性の中で、感情の逆転ドラマを生み出せられれば、障害理解につながると思います。やっぱり授業してるときの先生、すてきです。

　みんながもっているドラマを分かち合えるような授業、やってみたいです。四年生のどこかのクラスで道徳科の授業を1時間やれれば。

水本　和也

　この授業感想と先ほど紹介した授業記録を翌日朝に、M先生に渡しました。授業感想と授業記録はセットで渡すと受け取られた側は大変助かるはずです。この授業感想を読んで見て、第2節で述べた参観にあたっての視点が踏まえられているかどうか検討してみてください。授業当日に書いて翌日に渡すにしても、これくらいの内容であれば書けると思われます。

　付け加えますと、指導案Bを書いたM先生は、授業しているときにものすごく

人間的な魅力を感じる先生でした。教育者として惚れ惚れする同僚に囲まれ、勤務した経験が今の私をつくっています。授業をしている先生に惚れることはそう多くないと思います。そんな先生にもう一度出会いたいものですし、私自身がそうなりたいものです。

第2章　子どもの実態を把握する

　いま、子どもの実態把握というとIQなど客観的なことが重視されます。私は、その科学を装った子どもの実態把握なるものを本書第1部で批判しましたので、これ以上に深めることはいたしません。子どもがいまできることと、少しの支援でできるようになることの領域に働きかけることが大切なことです。本章ではこの領域を見定めること、その技術について述べます。

　子どもの実態把握でまず重要なことは、子どもが学校をたのしいところだと思えているかどうかです。学校がたのしいと思えていないけれど、運動面の発達はどれくらい、知的な障害があるかどうかなどを把握しても実践に至らないと思われます。

　また、4月に子どもと会ってから、個別の指導計画や個別の教育支援計画の作成などが押し寄せてきます。授業のみならず、こうした学級事務においても子どもの実態を把握することは極めて重要になります。そこで、私が4月に子どもたちと会ってから1ヶ月経った頃に、全教員向けの支援学級在籍児童にかかる児童理解研修会で、資料として出したものを紹介いたします。

<u>**児童理解研修資料**</u>

基本情報

・Tくん

・平成〇年生まれ、第5学年。

・国算理社を抽出。

　・療育手帳取得（H26）※B2で更新。

・新版K式発達検査を受ける（H29）　DQ５６
・デイサービスで療育を受けている
・母は、支援学校中学部への就学を希望している。

教科・領域等	実態	課題	具体的な手立て
国語	・ひらがなの読み書きはある程度できるが、鏡文字になることもある。 ・漢字もある程度書くことができる。関心のある漢字を視写する姿も見られる。 ・話すことに関しては、二語文程度。 ・言語以外のコミュニケーションは豊か。 ・読むことに関しては、給食のこんだてに関心をもって、読む姿がみられる。 ・下学年の教科書を使用するレベルにも達していない。	・生活の場面で漢字やひらがなを用いる場面が少ない。 ・本人が興味・関心のないことに関しては、話すこと聞くこと、読むこと書くことが難しくなる。 ・教科としての国語科教育が難しく、各教科を合わせた指導として進めていく必要がある。	・本人の生活に根ざし、且つ興味関心のある教材開発。鉄道路線図や時刻表、こんだてを教材として使用する。 ・音韻形成や音節分解、文字と絵のマッチングを意識した指導。例）しりとり、かるた等。

算数	・いわゆる原数学は身についている。 ・教科学習に入っているものの、小学校1年生程度の課題を繰り返している。 ・比較する力は相当ある。	・小学校一年生程度の学習に対するマンネリ化。 ・既知の能力を生かして高次の学習課題に挑む意欲の弱さ。 ・本人の特性を生かした教科指導法の未開拓さ。	・本人の生活に根ざし、且つ興味関心を刺激する教材開発。 ・鉄道路線図や時刻表を用いた各教科合わせた指導の展開。 ・本人に合う教材を用いて指導する。文科省星本や市販本などを試してみる。
理科	・簡単なクイズにも答えることをためらう。「実になるのは花びらでしょうか?雌しべでしょうか?」実物を見せ、2択にしても「知らんし」。 ・同一の学習課題で、「ホントに雌しべがあるか見てみて」発問すると、板書と実物とを比較できた。	・推論する力の弱さ。 ・抽象概念を演繹していく既存の理科指導は不適。 ・比較する力はあると思われるので、その点を伸ばしてあげたい。	・知識を知識として指導しない。「雌しべとは生殖器官である」など。 ・指導目標の精選。 ・操作的な活動を取り入れる。花を実際に見て、絵にしてみる等。

社会	・都道府県を覚える学習に取り組んでいた。自身がいまどこの府県に住んでいるか図示して説明できた。	・五年生の教科内容にはとてもついていけない。 ・鉄道は好きなので、それらを生活単元学習のなかで、合科的に指導していく必要がある。	・社会科の時間を各教科合わせた指導の時間にする。 ・教科書で通常学級の学習課題を一度開いてみて、興味を持てば、「どうして興味を持ったの？」と教科書を子どもの興味関心を探るツールとして使用する。
日常生活の指導 生活単元学習 遊びの指導	・人物画を描くことに強い抵抗がある。 ・季節の概念が弱い。 ・身辺自立は達成している。 ・描画からみえる発達年齢が低い。 ・鬼ごっこなど簡単なルールのある遊びができる。	・自分自身の内面世界を表現する機会が少ないので、教師が意図的に設定していく必要がある。 ・興味関心に根ざした教材開発、指導法改善。	・経験したことを絵で表現する機会を多くする。 ・カレンダーの作成に取り組む。
その他	・構音障害がある。	・間違いを指摘さ	・聴き取ることに

	ただ、一音で発音できない音節（例;ちょ）も単語としては発音できる語もある（例;チョコレート）。 ・自発音では、拗音・拗長音・濁音などで文字を読みとって発音できなかった。反復音ではできたところもある。	れることによる二次障害を防ぐ。 ・発語したくなる雰囲気づくり。	注力すること。 ・間違いを指摘しない。 ・正しい発音で返してあげる。 ・おしゃべりをたくさんさせる（発語量を増やす）。

　この資料では、まず障害の程度などの基本情報をしっかりと載せています。次に教科などの領域、子どもの実態、指導上の課題等、具体的な手立てに分けています。このように記載することで、事実と意見の混同を避けることができ、独断的な方針を立てることが少なくなりますし、同僚から「この部分はおかしい」と具体的な指摘を受けることもできます。このT君に関して、特に全教職員に知っていただきたかったことは、構音障害への対応です。この点を共通理解するだけで子どもの教育にとって有益なものとなるでしょう。そして、実際に間違いを指摘されないだけでも発語量が増えています。

　次に、抽出授業を実施していない子どもで投薬量が多い子どもの資料を紹介します。

児童理解研修資料

基本情報

・Ｉくん

・H〇年生まれ　第５学年

・WISC-Ⅳを７歳時に受ける。FSIQ９８

・ADHD の診断あり。

・ADHD の薬物療法を小学校１年生には始めている。

・精神障害者保健福祉手帳をH29に取得（２級）。

分類	実態	課題	具体的な手立て
WISC－Ⅳ	・全検IQ９８で全く問題ない。 ・４つの指標についてもすべて標準の範囲内。 ・知覚推理がやや高く、PRI１０９。 ・処理速度がやや低い。PSI９４ ・処理速度と他の指標との差が大きいとまでは言えないものの、差はあるので、	・主訴が不明。認知機能、傾向をどのような目的で検査を受けたのか不明で、活用の仕方に戸惑う。 ・検査結果を本人、保護者がどのように受け止めたのか不明なので、保護者への支援につなげることが難しい。 ・処理速度（PSI	・発達検査を初回以後に受けたかどうか聞いたが、受けていないとのことだった。 ・活動に十分な時間を与える。 ・課題の量より質を重視。 ・課題とテストに時間延長を認める。 ・集中できる教室環境の整備。

	ADHDの傾向は読み取ることができなくもない。	の弱さへの対応。 ・あくまで、小1で受けた検査であり、実態を反映しているか不明。	・ICTの活用。
処方薬	・記録によれば、小学校1年生時にストラテラ10ｍｇ服薬。3週目には15ｍｇを1日で服薬。 ・H30の処方薬は、①エビリファイ7ｍｇ／日 ②インチュニブ1ｍｇ／日 ③コンサータ27ｍｇ／日	・極めて多量な服薬 ・低年齢からの長期間の服薬による副作用。 ・薬に過度に頼る傾向の改善。 ・服薬管理 ・認知・行動療法抜きの薬物療法への懸念。 ・薬物療法を本児自身が納得しているのか不明。	・宿泊学習においては教職員による服薬管理が求められる。 ・副作用が出ていないか等、児童観察を欠かさない。 ・保護者への心理面の支援。 ・本児自身の薬物療法への思いを汲み取る。⇒嫌そうだった。
校内生活	・視写が遅い。しかし、このことを知能検査の結果から完全に説明することはできない。	・上手くやりたいのにやれない自分を受容し、気持ちを整理した上で望ましい行動につなげるこ	・○○したい、できるようになりたい思いを大切にする。 ・本児自身がいまどんな気持ち

	・クラスメイトとの対人関係のトラブルが多い。 ・意欲がある。「○○したい、できるようになりたい。」 ・ことばが直接的で幼い。（例；うんこと言って注目を集めるなど。） ・自尊感情が低く、その裏返しとしてのみどり学級への忌避感がある。 ・落ち着いていられない。 ・不適切な行動になってしまう。 ・他者から適切な支援を受けることがむずかしい。	と。 ・他者からの適切な評価を得る機会の少なさ。 ・自分の力を発揮する機会の設定。	で、何にイライラしているのか、教師が聞いてみる。「○○にイライラしているの？」 ・取るべき行動を教える。 ・「なぜ？どうして？」とすぐに聞かない。本児自身がわかっていないことが多いと思われるため。 ・行動、即評価。良いことをしたら、その場ですぐに評価する。良くも悪くもない状態でもその状態を評価する。 ・明確な役割を与える。例；配り係。

I君は知能に全く問題ありません。それでも、家庭の教育力は貧弱です。家庭訪問に際しては、私と通常学級担任の前でも子どもを叱りつけた結果、子どもにチックの症状が出て痛ましかったです。心の置きどころがわからなくなりました。抽出授業がないため、先ほど紹介したT君のように教師が働きかけてみた反応を書くことが難しいです。そのため、I君については、知能検査の結果分析、処方薬の内容、校内生活で気になることに分けて書いています。I君の知能検査を分析したのは、私です。知能検査を実施できる必要は特にありませんが、結果を読み取るくらいの力は支援学級担任に求められるでしょう。

　最後に、情緒面で支援が必要で、加えて計算領域が弱いため算数科のみ抽出している子どもの資料を紹介します。

児童理解研修資料

基本情報
・Hくん
・H〇年生まれ　第5学年。
・自閉・情緒学級在籍。
・1年生のときに発達検査を受けたとのことだが、詳細は不明。
・算数科のみ抽出（当該学年の課題に取り組んでいる。）。
・手帳は取得していない。

分類	実態	課題	具体的な手立て
	・計算領域が弱い。足し算なのか引き算なのかきち	・計算の仕組みを重視し、実際の計算（技能）を	・筆算を用いることや、具体物や半具体物、電卓

算数科	んと把握できないことがある。計算領域が弱い割に、念頭操作しようとする。 ・小1〜2年の計算領域の問題でも、1問に1分弱かかった上で、正答率も6割ほどだった。 ・理解力に大きな問題はないと思われる。	過大視しないようにする。 ・「わかる」ことの最重要視。	等によって計算することを促す。 ・図形ではレゴブロックを操作させている。動作性優位の傾向があるので、実物を操作してみて、概念を習得させていくことを試行している。 ・答えを先に書いておく。「なぜ、この答えになるのか」を考えさせる。
校内生活	・発達検査の種類、結果が不明。 ・みどり学級在籍であることに強い劣等感を持っている。 ・自分の気持ちをうまくコントロ	・検査結果の分析ができず、本人の困り感がどこにあるのか等について把握することが難しい。 ・ゆっくりでも「わかる」「できる」ことを積み重ね	・検査結果を教えてもらう。⇒紛失したとのこと。 ・本児自身がどこに困り感があるのかを把握する。

	ールできず、不適切な行動をとることがある。と同時に、そうした自分を見つめることもできる。 例）勉強しないといけないのにしていない子を注意し、それが相手に伝わらず、手が出てしまったりする。 例）「オレがNちゃんに告白したらふられて、首絞めてん。マジでサイコや。あの時のオレ殺したいわ。そしたら苦しまんかったやろ。その子も。」と話す。	ることによる自己肯定感を高める。 ・「〇〇すべき」で自分は、注意したのに、相手に伝わらないで、不適切な言動になってしまう面がある。「〇〇すべき」と思っている前向きな部分を生かす必要がある。	・みどり学級での指導目標、課題を精選した学習を進める。 ・連絡帳の受け渡しをなるべくこっそりするなど、配慮する。 ・一緒に一つの課題に取り組む経験を増やす。 ・相手に伝わる表現を教師が範を示して見せてあげる。 ・相手の状況を本児に伝える。「〇〇くんは、いましんどいんだって」など。

H君は、計算領域が苦手ですが、それよりも何よりも情緒面が気になる子どもです。平気で嘘をつき、悪態をつきます。不適切な行動を指摘すると目がすわります。保護者にもそのような傾向があります。支援が難しい子どもです。啖呵を切って、2学期からは抽出授業をやめ、通常学級で学習するようですが、それも大きな困難が伴います。H君は、支援学級での授業を3分くらい前に切り上げて、通常学級に戻ります。チャイムがなるまで、トイレにいます。チャイムがなったら、そろっと教室に入り、支援学級で授業していなかったように振る舞います。教師が一番しんどくなる子どもだと思います。すり減らないように心がけているというのが正直なところです。

　実態把握で大事なことは、その子に働きかけてみること、そこで得られた反応を子どもに即して解釈することです。できないことばかり見ているのは大人の方です。同じ「できない」であっても、「できるようになりたいのにできない」のかそうでないのかでは、質が違います。これを見極めることが大切なのです。知能検査や診断名などは、自分自身の見立てを裏付けるものというぐらいに考えるべきです。あくまで自分の教育者として子どもを見る目を養うことに最重点を置くべきです。

第3章　指導案作成

第1節　指導案作成の基本

　学習指導案とは、教師が子どもの学習の計画を立案し記述したものです。学習指導案については、学校によって様式を定めている場合もありますが、決まった形式を整えることにばかり意識がいくのは間違いです。形式にとらわれず、柔軟に発想することが良い授業につながります。とくに、知的障害学級の場合、教科書を教科書会社が立てた年間指導計画に沿って粛々と授業を進めていくような通常学級とは違っていますので、柔軟さがとくにもとめられます。

　学習指導案には、①単元の指導案、②週案、③時案があり、教師が作成する機会が圧倒的に多いのは、①と③です。これが、教壇で子どもと向き合うときのシナリオになります。
　このような学習指導案を計画・作成することが事前準備と言われるものであり、またその計画と作成の過程が授業設計と呼ばれています。この授業設計には、5段階あります。

①目標分析
↓
②学習能力
↓
③単元構成
↓
④授業略案
↓
⑤授業案の試行・修正

①〜②は、どのような学習課題をどの段階の子どもに設定すべきかを考える段階です。③〜⑤は、具体的に授業計画を立てる段階です。授業設定は、このように大きく２つの段階があります。

　次に、教材研究について述べます。学校現場に講師として初めて来た方が、「教材研究って何ですか？」と教頭に質問していました。教頭は、丁寧に「教育実習で指導案を作ったりしましたよね？それです。」と答えていました。内心、その質問のレベルの低さに驚かれたことだろうと思います。教材研究は、学習課題の設定と授業準備に不可欠な教師の活動です。この教材研究を通して、学習課題が設定され、授業の準備が行われるのです。

　合わせて、いくつか大事な点を述べます。教育目標を立てる、ということが言われますが、ここで言う教育目標とは、教育的価値の世界を、言語を媒介にし、対象化したもののことです。また、教材と教具は、この教育目標を効果的に伝達するために選ばれ、あるいは加工された言語的または非言語的素材です。教材研究とは、学習指導案を作成する作業そのものであり、教材研究こそが教師としての最大の仕事のひとつです。

　①の目標分析は、教材研究の第一テーマです。学習指導案の作成にあたり、学習目標を何におくかということを教師は考えなければなりません。昭和中期に教育実践家として多くの業績を残した斎藤喜博は、教材に対する教師のあり方として、３つの型を示しています。

　（Ⅰ）一般教養としての一般的解釈
　（Ⅱ）教師という専門家のおこなう専門的解釈
　（Ⅲ）専門的分野でそれぞれ現在到達している研究成果の解釈

これは、教材研究に対する教師の基本的態度です。つまり、教師は常に、子どもたちに必要な教育課題を考えつつ、教材として編成すべきものはなにかを意識しながら日常的に教材研究をなすべきでしょう。そして、その過程で３つの視点を述べています。

　（ⅰ）一般社会人としての視点
　（ⅱ）教師として子どもに必要なものはなにかを常に考えている視点
　（ⅲ）教壇に立つ者としての学問的専門性を持った視点

　この３つの視点の必要性が述べられています（寿福・１６５～１７５頁）。

第２節　指導案の形式

　指導案の形式については、各校で定められている場合もありますが、特に定められていない場合は、以下のような項目を記載することが求められます。

①教科（科目）・学年・単元
②実施日時・学級・場所・授業者名・教材
③子どもの状況（児童観）
　※子どもの認識状況や子どもを取り巻く環境、子どもの興味・関心、課題を把握し記述。
④単元の目標とその設定理由（単元観・指導観・教材観）
　※教材研究の成果と子どもの実態把握をもとに記述。
⑤単元の構成と本時の位置
　※各時間の目標と主要内容も示す。
⑥評価規準・評価基準
⑦本時のねらい

※子どもがこの授業で獲得すべき知識や技能を示す。
⑨本時の展開計画

　これらの項目は、指導案をつくる際には必要になるでしょう。なぜ、このような項目を書くのか、と言いますと、人に読んでいただくことを意識する、つまり、追試可能な指導案とすべきだからです。あるいは、自分自身にとっても同じ教材を使って、同じような障害の程度の子どもに以前につくった指導案を参考にして授業を行うことも可能となるからです。さて、①〜⑨項目の中で⑨の本時の展開計画について少し詳しく述べます。

　これは、1時間の授業の流れを立案したものです。この中の必須要件は、

①導入
②展開
③まとめ

の3つです。これにそれぞれの配分時間と指導上の留意点を検討していきます。指導の展開を書くにあたって注意しなければならない事柄を、以下に4つ挙げておきます。

①授業で用いる指示・発問をきちんと明記する。
　指示や発問が書いてあれば、どの指示・発問が効果的であったのか、あるいはまずかったのかがはっきりすることで、研究討議会でも代案を示されやすくなります。

②理解する、気づく、知るという言葉の違いを区別して使う。
　理解するとは、ある事象に対していくつかの考えが出て、これを整理し、真実

を発見していくことです。気づくとは、子どもが様々な学習活動の中から自分で見つけることです。知るとは、子どもが自分で調べて知ることと教師の話を聞いて知ることも含んでいます。

③目標と評価が対応している。

　目標が、「二桁＋一桁の足し算のやり方を理解できる。」であれば、評価は、「二桁＋一桁の足し算が理解できたか。」でなくてはいけません。けっして、「二桁＋一桁の足し算ができたか。」ではないのです。

④具体的に何のために何をするのかが表現する。

　たとえば、「子どもが自ら気づくように援助する。」とだけ書かれていても、どう援助するのかわかりません。「筆算シートを用意しておく。」とか「具体物として、おはじきを用意しておく。」と書き換えるとより分かりやすいです。

　この４つを意識した指導案であれば、再現が可能な指導案として有用なものとなるでしょう。

第３節　私の指導案紹介

　本節では、私が作成した指導案についてご紹介します。第１節と第２節、さらに第１章、第２章を振り返りつつ、読んでください。

生活単元学習指導案

授業者　水本和也

1．日時　　　令和元年6月5日（水）　第2時限
2．学年　　　みどり学級在籍5学年児童1名
3．場所　　　みどり教室1
4．単元名　　時刻表を活用して目的地に行こう
5．単元目標

・アナログ時計の読み取りが正確にできるようになる。

・既知の知識を活用する。

・二つのものを比較する。

・おおよその距離感を地図と時刻表とを用いて知ることができるようになる。

・自ら進んで様々な駅への行き方を考えることができる。

6．教材名　　・JR東西線の時刻表
　　　　　　・大阪市中心部の路線図
　　　　　　・学校付近の地図
　　　　　　・アナログ時計
　　　　　　・厚紙

7．児童観

　本児は、国語と算数、理科、社会をみどり学級で学習している。1年生のときに受けた発達検査の結果は、DQ56であったが、昨年に更新された療育手帳はB1からB2に改善された。発語に関しては場面によって2語文程度であるが、言語以外の笑顔などのコミュニケーションは豊かである。読み・書きについて

は小学校１、２年生程度である。

　また、本児はできないことへの不安が強く、簡単な２択の問題についても、「知らんし」や「わからん」と言い、答えたがらない様子も多々見られる。しかし、自身が興味・関心のあることに関しては、意欲的にホワイトボードに文字を書く様子も見られる。ホワイトボードに書いている内容について質問すると、「坂平先生、１１日」と言い、「何が、１１日なの？」と聞くと、「赤ちゃん、うまれる。」と話してくれた。二語文ではあるが、書きたい思いと書くこととが結びつき、何を思い、何に心をふるわせ、どう表現したいかという内面世界を知ることができ、本児のやさしさがしっかりと伝わってきた。

　本児は、できないことが多い中でもやりたいこと、伝えたいことをしっかり持っている。また、頑固で融通のきかない面もあるが、本当はできるようになりたい思いを持っている。

8．単元観

　本単元は、本児が興味をもっている鉄道・電車を教材単元として設定したものである。これまでの学習では、阪神沿線の駅名を教師が厚紙に書き、それを本児が覚えていくなかで、意欲的に学習を進められるように指導されてきた。しかし、駅名の漢字を読み書きできただけでは汎用性がなく、実際の生活上の課題を各教科・領域を合わせた指導（合科的な指導）で解決するという、生活単元学習の趣旨とは外れてしまう。

　本児はおおむね時刻を読めるが、実際の学校生活ではチャイムが鳴るため、時刻を読める必要性をあまり感じていない。しかしながら、本児は支援学校へ進学予定であり、その場合、決まった時刻にバスに乗る必要がある。また、林間学習などの集団行動も増える中で、時刻に合わせた行動をとることが求められている。このような児童の興味・関心に即して生活上の課題を解決するために、時刻表を用いて、出発駅から目的地までの移動ができるような単元を設定した。

9．教材観

　本単元の指導にあたっては、①JR 東西線の時刻表、②JTB の大阪市中心部の地図、③小学校付近の地図、④時計、⑤厚紙の５つの教材を用意している。この内、①の時刻表は、掲載されている路線が限られており、東西線は本児の生活にも馴染みがある。そのため、分厚い時刻表のように、調べたいページ以外を開いてしまうことが少ないと考えた。②の地図に関しても、一冊をそのまま授業に持ち込むのではなく、調べたい路線が掲載されているページをコピーして使うことで、注意散漫にならなくなると考えた。これらの教材が、その中に入り込んでじっくり学ぶに足る良質な文化であると確信している。

10．指導観

　知的発達の遅れがあるというのは、知的発達の段階が未分化であることを意味している。そういう子どもに分化した抽象的な学習内容を学習させても、子ども自身はそれを総合することができない。だからこそ、知的障害教育では具体的で総合的な活動をそのまま提供すべきと考える。この指導を通して、何よりも自ら進んで学ぶ良さを体験させたい。既知の知識・技能を活用すれば、一見難しく思える課題にも取り組めることを実感させ、「できた！」「わかった！」喜びを本児とともに分かち合いたい。二つのものを比較することは、思考するに際して必須である。本児は、時間割などを前日と見比べることが得意である。本児が得意とする比較する力を生かして、地図と時刻表、現在時刻などの比較を通して、これまでできなかった学習に意欲的に取り組ませたい。自信と学ぶ喜びを得ることで、５年生から新しく始まった家庭科など、本児が不安に思っている学習に前向きに取り組む態度を養いたい。本学習によって、さらにJR東西線各駅からの「乗り換え」、遊園地などの目的地の最寄り駅を調べ、そこまでの道のりを調べる学習などの足がかりとしたい。

11．単元の指導計画と本時の位置　　12時間中の12時間目

1	・阪神電車の駅名が書かれた札を用いて、教師に駅名を教える。
2	・大阪市中心部の地図を見て、御幣島駅の場所を確認する。
3	・御幣島駅が JR 東西線の駅の一つであることを知り、東西線の他の駅名についても一つずつ地図で確認し、赤ペンで印をつける。
4	・時刻表を示し、興味をもたせる。 ・御幣島駅から京橋駅までの行き方を地図で確認する。 ・現在の時刻を確認させる。 ・教師が時刻表の使い方を示し、地図で一駅ごとの時間を確認する。
5 6 7	・現在時刻を答え、出発駅から到着駅までに、何時何分発の電車に乗れば良いか知り、到着駅まで何分間かかるかを知る。
8	・他児童が出発駅を指定する。 ・本児が、現在時刻を答え、出発駅から到着駅までに、何時何分発の電車に乗れば良いか知り、到着駅まで何分間かかるかを知る。 ・結果を他児に教える。
9	・他児童が出発駅を指定する。 ・本児が、現在時刻を答え、学校から駅までの時間を含めて出発駅を何時何分発の電車に乗れば、到着駅に何時何分に着くかを知り、何分間かかるかを知る。 ・結果を他児に教える。
10	・他児童が出発駅を指定する。 ・本児が、現在時刻を答え、出発駅から到着駅までに、何時何分発の電車に乗れば良いか知り、到着駅まで何分間かかるかを知る。

	・結果を他児に教える。 ・「上り」と「下り」の意味を地図上で確認する。
１１	・他児童が出発駅を指定する。 ・本児が現在時刻を答え、出発駅から到着駅までに、何時何分発の電車に乗れば良いか知り、到着駅まで何分間かかるかを知る。 ・結果を他児に教える。 ・京橋から尼崎方面は「下り」で、その逆が「上り」であることを知る。
⑫	・JR東西線の各駅の駅名を札に書き、上りと下りの順に札を並べる。 ・教師が出発駅を指定する。 ・本児が現在時刻を答え、出発駅から到着駅までに、何時何分発の電車に乗れば良いか知り、到着駅まで何分間かかるかを知る。 ・結果を教師に教える。

１２．評価基準

知識・技能	思考・判断・表現	主体的に学習に取り組む態度
・現在の時刻を読める。 ・上りと下りの概念が分かる。 ・教師の軽い支援で地図が読める。 ・時刻表は、時間が進むのに合わせて、上から下に時刻が進むことを、目と手を協調させながら確認することができる。 ・時刻のあらわし方として、「１１２０」のように４桁で表現する場合もあることを知る。 ・時刻が上から下に進むのに合わせて、進行方向に合わせて各駅も進むことを知る。 ・時刻表が上から下に進むことを地図上でも確かめることができ	・現在時刻と時刻表の時間を一致させ、現在時刻と出発駅、出発時間の３者関係を理解する。 ・中心部から周辺部に向かう場合を下り、その逆を上りということに気づく。 ・時計の短針が「１１」を指し、長針が「４」を指している場合、「１１２０」と４桁に変換する必要性に気づく。 ・「十一時二十分」や「１１時２０分」とすると煩瑣であり、「１１２０」と表記したほうがわかり易いという簡便さに気づく。 ・時刻表が上から下に進めば、地図上でも進行	・地図と時刻表に興味を持ち、学習への意欲を高める。 ・実生活で認識している建物と地図とを結びつけようとする。 ・自ら進んで時刻を読むことができる。 ・「余裕をもった」出発時刻の決定や、ラッシュ時を避ける合理的な出発時刻の決定など、実際の生活に照らした選択をすることができる。 ・他児童との関わりの中で、学習の成果を他児童と分かち合うことができる。 ・「もう一回やりたい」と思える。 ・大阪市中心部の地図を見て、JR 東西線の駅以外に、自ら進んで行きたい

る。 ・減法を使うことで何分かかったかが分かることに気づく。 ・厚紙に漢字で書かれた駅名に、ふりがなを書くことができる。	方向と一体で進むことを理解し、時刻表と地図とを比較することができ、到着駅に着いた段階で、その比較の正否を検証することができる。 ・駅名が書かれた札を地図と比較し、正確に並べることができる。 ・駅名が書かれた札を、これまで地図で行ってきた学習の代替物として用いることができる。	駅を言うことができる。 ・時刻表で分からない記載について自ら進んで質問することができる。例；「レ」とは何かなど。 ・到着した駅には何があるのかなど、自ら進んでより深い学習への意欲を見せる。

13．指導の展開

時間	学習活動	指導上の留意点	評価の観点
導入 3分	・本時の学習内容の見通しをもつ。	・教材を見せ、本時の学習課題を予測させる。	・休み時間からの切り替えをできる。 ・学習課題に意欲をもつことができる。（態度）
展開 25分	・出発駅は御幣島駅であることを知る。 ・学校から御幣島駅までを地図で確認する。 ・行きたい駅名を答える。 ・地図で到着駅を確認し、上りか下りか地図を手がかりに気づく。 ・現在時刻を答える。 ・学校から出発駅までのかかる時間を考えて、現在時刻と発車時刻を見比べて判断する。	・路線図を見せ、出発駅の御幣島駅までの学校からのルートを確認させる。 ・上りなのか下りなのか発問する。 ・現在の時刻を聞く。 ・上りと下りが正しく区別されているか、現在時刻と時刻表があっているかなどを確認し、間違っていれば、指摘す	・知っている建物と地図とを結びつけようとしている（態度）。 ・確実に上りか下りかを答えることができる（思・判・表）。 ・時刻⇒時刻表⇒出発駅の出発時間の三者関係を理解している（知・技）（思・判・表）。 ・時刻表と地図の両方

・指で時刻表の時刻を確認しながら、目でも地図を確認する。 ・進む方向と実際とが合っているかを確かめる。 ・目的地に着いたことを地図で確かめる。 ・到着時刻を確かめる。 ・出発時刻から何分間かかったのかを答える。 ・阪神本線各駅の札と同じものをこれからつくる意欲を持つ。 ・線に沿って厚紙を切る。 ・切ったものを教師にわたし、漢字を書いてもらう。	る。 ・正しく三者関係を捉えられているか見守る。 ・到着駅まで何分かかったのか、減法を用いて実際に計算してみせる。 ・本児のもっている駅名が書かれた札を見せてもらう。 ・同じものを東西線でもつくろう、と促し、厚紙を見せる。 ・「先生は、漢字書くから、大ちゃんはふりがなふってね。」と言う。 ・切った札を受けとり、漢字を書いて手	を見て、進行方向を確かめることができた（思・判・表）。 ・到着時間から出発時間を差し引くと何分かかったかが分かることに気づいた（知・技）。 ・自分の好きな札が増えるよろこびを感じることができた（態度）。 ・ハサミで切ることで（動作）、集中を継続して学習に取り組めた（態度）。

		・教師の駅名の読み上げか地図を頼りにふりがなをふることができる。 ・地図を見て札を順番に並べ、東西線を完成させる。	渡しで本児にわたす。 ・地図を見るよう促し、東西線の通りに並べさせる。最初の二駅ほど見本を見せる。	・ふりがなをふることができた（知・技）。 ・路線図通りに札を並べられた（思・判・表）。
まとめ 3分		・できた、わかった、またしたいことを伝える。	・できたことを一つずつ確認し、称賛する。	・もっと学習したいと思えた（態度）。

参考文献一覧

① 江口季好『特別支援学級の学習指導案集－全面的な発達のために－』４０～５１頁、１５１～１５６頁、（同成社、２０１５年）

② 柴田義松・阿部昇・鶴田清司編著『あたらしい国語科指導法』五訂版、５～１２頁、９９～１０２頁、１０９～１１８頁、（学文社、２０１８年）

③ 壽福隆人『歴史教育の課題と教育の方法・技術』３９～４２頁、１５６～１７７頁、（DTP出版、２０１５年）

④ 斎藤喜博『授業』５６～５７頁、６４～６６頁、７４～８０頁、９５～１０２頁、（国土社、１９９０年）

⑤ 太田正己『深みのある授業をつくる』１３６～１３７頁、１５６頁、１５９頁、（文理閣、１９９７年）

⑥ 浜田寿美男『子ども学序説』１０３頁、１０６頁、（岩波書店、２０１１年）

⑦ 現代教育科学研究会編『教育の原理とその展開』５頁、１０頁、６９～７０頁、（あゆみ出版、１９８７年）

⑧ 近藤直子『続　発達の芽をみつめて』４５～５２頁、６２～６５頁、１３４～１４２頁、（全障研出版部、２００９年）

⑨ 明神もと子・広瀬信雄編著『はじめて学ぶヴィゴツキー心理学－その生き方と子ども研究－』１４～１６頁、２８～２９頁、５７～６４頁、１０７～１２６頁、（新読書社、２０１５年）

⑩ 文部科学省『特別支援学校教育要領・学習指導要領解説　総則編（幼稚部・小学部・中学部）平成３０年３月』２３８～２３９頁、（開隆堂出版、２０１８年）

⑪ 文部科学省『特別支援学校教育要領・学習指導要領解説　各教科編（小学部・中学部）平成３０年３月』２０～３６頁、（開隆堂出版、２０１８年）

⑫ 向山洋一編著『研究授業のやり方見方＝小事典』１２～２３頁、２６～３

> 　　３頁、１１０～１１７頁、１４２～１４５頁、１４８～１８１頁、（明治図書、１９９９年）
> ⑬　二谷貞夫ほか編『中等社会科ハンドブック＜社会・地歴・公民＞授業づくりの手引き』１６～１７頁、２２～２５頁、４２～４３頁、（学文社、２０１５年）

第４節　指導案のポイント

　ご紹介しました指導案は、「生活単元学習」の指導案です。特別支援学校以外ではなかなか見ることができない指導案です。しかし、実際に支援学級担任を務めますと、国語科や算数科などの教科指導が難しいお子さんに出会うことが多いです。したがいまして、通常学校に勤める支援学級担任は、生活単元学習の指導案を書けたほうが良いと思われます。

　そこで、まず生活単元学習とはなにか、ということについて説明します。私の指導案の指導観のところで、「知的発達の遅れがあるというのは、知的発達の段階が未分化であることを意味している。そういう子どもに分化した抽象的な学習内容を学習させても、子ども自身はそれを総合することができない。だからこそ、知的障害教育では具体的で総合的な活動をそのまま提供すべきと考える。」と述べました。これに対応する教育課程が、「各教科等を合わせた指導（合科的な指導）」です。

　各教科等を合わせた指導とは、「各教科、道徳科、特別活動、自立活動及び小学部においては外国語活動の一部または全部を合わせて指導を行うこと」をいいます（『特別支援学校学習指導要領解説　各教科等編（小学部・中学部）平成３０年３月』３０～３４頁）。これは、以下、４つの指導に分類されます。

各教科等を合わせた指導
　　　　　↓
①日常生活の指導
②遊びの指導
③生活単元学習
④作業学習

　私がつくった指導案は、③の生活単元学習になります。生活単元学習とは、「児童生徒が生活上の目標を達成したり、課題を解決したりするために、一連の活動を組織的・体系的に経験することによって、自立や社会参加のために必要な事柄を実際的・総合的に学習するもの」とされています（同書３２頁）。

　この授業の対象になっている子どもは、発達年齢が５～６歳です。そのような子どもに、教科として社会科を教えることは、難しいです。分化しない学習として、生活単元学習の中で総合的に学習目標を達成するための授業を組み立てようと思いました。

　次に、児童観では、私にしか捉えることのできない子どもの実態を書いています。つまり、

　「本児はできないことへの不安が強く、簡単な２択の問題についても、『知らんし』や『わからん』と言い、答えたがらない様子も多々見られる。しかし、自身が興味・関心のあることに関しては、意欲的にホワイトボードに文字を書く様子も見られる。ホワイトボードに書いている内容について質問すると、『坂平先生、１１日』と言い、『何が、１１日なの？』と聞くと、『赤ちゃん、うまれる。』と話してくれた。二語文ではあるが、書きたい思いと書くこととが結びつき、何を思い、何に心をふるわせ、どう表現したいかという内面世界を知ることができ、

<u>本児のやさしさがしっかりと伝わってきた。</u>」

　下線部を引いた箇所が、私にしか捉えられない部分でしょう。単に、「２語文しか話せず、コミュニケーション能力に課題がある」と書くこともできますし、間違いではないのですが、皆さんは、どちらが児童観として優れていると思われるでしょうか。
　児童観に補足しますと、この児童は、支援学級担任であった坂平先生が年度末に産休に入られて、支援学級担任が急に居なくなってしまったのです。そして、年度が代わり私が支援学級担任として赴任しました。いつも、その子にしかわからないようなことを一生懸命カレンダーに書き込む様子が見られました。あるとき、５月１１日のスペースに「坂平」と書いていたので、「何が、１１なの？」と質問すると、「赤ちゃん、うまれる」と答えてくれたのです。実際の出産予定日かどうかわかりません。それでも、前担任を想う気持ち、寂しさなどを感じることができました。だからこそ、児童観の最後に、「本児は、できないことが多い中でもやりたいこと、伝えたいことをしっかり持っている。」と書き、子どものねがいから指導観や単元観を打ち立てることを意識しました。

　単元観では、これまで取り組まれてきた漢字学習に生活単元学習を対置しました。そして、支援学校への進学というリアリズムに即して時刻を読みとり、実際の行動に移せるような単元構成をとりました。
　教材観についても一般的な指導案では凡庸なものが多く、たいてい、単元観や指導観に対応する教材であることだけが述べられているだけです。しかし、私の指導案では、複写して一部分だけ使う意図などを記載しています。
　指導観というものは、指導案の中で一番書きやすく、そして一番謙抑的でなければならないものです。「こういう指導をしたい」ということを書くことは簡単なのです。しかし、子どもの実態に合った指導観をつくることは簡単なようで難しいです。私の指導案では、知的障害とは何か、いかなる授業が必要なのかを述

べ、子どもの得意な力を自立へ向けた原動力にしたい、という思いで指導を組み立てています。

　単元の指導計画は、全１２時としています。手順を踏んでいま出来そうなことから、少しずつ単元の目標を達成できるように設定しています。３時から５時では同じ授業内容を繰り返しています。単元を１２時で設定した理由は、ＪＲ東西線が全９駅しかなく、乗り換えもないため、１２時以上にしてしまうと飽きるのではないか、と思ったからです。

　評価規準については、次章で触れますので詳しくは述べません。まず、評価規準とは、何をもとにして判断するかという質的判断の指標です。①知識・技能、②思考・判断・表現、③主体的に学習に取り組む態度の３つです。次に、評価基準とは、学習のねらいをどの程度まで達成しているかを具体的に示す量的判断です。これは、この指導案の中にはありません。しかし、現在の教育現場では、一時期ほど規準と基準の区別をうるさく言っていません。この指導案では、①から③に評価項目を振り分けて記載した、という程度にとどまっています。

　指導過程では、時間配分と子どもの学習活動、教師の指導上の留意点、評価の観点に分けて記載しています。時間配分に関しては、特別支援学級の場合、４５分（中学校では５０分）で設定する必要は必ずしもありません（特別支援学校教育要領第１章第３節の３の（２）のカの（イ））。ですので、１２時の指導過程では、３０分で１単位時間としています。時間配当も子どもの実態に応じて設定することが求められます。
　本章第２節で述べましたが、指導過程では、発問と指示を書く、目標と評価を対応させるべき、などとしました。一例ですが、指導上の留意点で「上りなのか下りなのか発問する。」と発問内容を書き、子どもの学習活動では、「地図で到着駅を確認し、上りか下りか地図を手がかりに気づく。」とし、知る・気づく・

理解するということを分別して用いています。そして、評価の観点では、「確実に上りか下りかを答えることができる（思・判・表）。」と目標と評価を対応させています。

　参考文献を指導案の末尾に載せています。良い授業というものの多くは、先人の教育実践を参考にして行われます。自分のオリジナルは少ないですし、あるいは、指導書しか参考文献が無いというのでは、「研究」授業になりません。指導書のみを参考にした指導案は、研究授業としては失格です。せいぜい、追試した、ということにとどまります。参考文献を載せることは、先人への感謝という意味でも重要です。ただし、ほとんどの教員は参考文献を載せません。しかし、参考文献を載せることで、どういう本を読み、どういう刺激を受け、どう授業に生かそうとしているのかが第三者にはっきりします。指導案とは、第三者が読んで何かを得るもの、という側面もありますので、やはり、参考文献は載せるべきです。

第4章　授業を実施する

　指導案を書き上げて、さあ、授業という段になってからどうするかを述べます。私の授業のライブ解説のようにしたいのですが、記録がありませんので、授業を実施する上でのポイントを述べていきます。まず、書いた指導案を同じ支援学級の担任で検討して頂けるならそうすべきです。私は、特別支援コーディネーターと教育委員会のインクルーシブ教育関係の部署で勤務しておられる退職教員の「インクルーシブ教育推進スタッフ」の方、学校で勤務している特別支援教育サポーターの方に指導案へのコメントをお願いしました。指導案は1週間前には全教員に配布しましょう。参観のお願いを職員朝会などで遅くとも1週間前に1回、前日までにもう1回お願いしておくことです。

　そして、指導案の流れだけを頭の中に叩き込みましょう（頭の整理）。次に、いつもの授業を心がけることです。そのためにリラックスできるようなことをしましょう（心の準備）。直前には、教材・教具などを確認します。服装もふだんと変わらないもので構いません。たいていの支援学級担任の方は、ジャージで過ごされていますので、外部の方が来られない研究授業であれば、そのままジャージで授業しましょう。外部の方が来られる場合、子どもたちにその旨をしっかり伝え、納得してもらってからの方が望ましいです。指導案は、何枚にもわたっていますので、各先生方なりにポイントをしぼって読んでいただけているならそれで良いのですが、実際には、指導過程を読むくらいでしょう。ですから、授業者の方で、授業で見ていただきたいポイントをしぼって、A4用紙1枚にまとめ、教室に置くべきです。私が、参観者に配ったものを紹介します。

令和元年6月5日

<u>参観者の方へ</u>

水本　和也

　お忙しい中、参観いただきましてありがとうございます。本時で用いる地図などの教材を資料として添付しています。また、参観に際して注目して頂きたい点等を以下に示しますので、参考にされてください。

① 本児の1時限中に集中して学習できる時間は、5分から10分程度です。プリントにして片面一枚程度です。それよりも本時が長いかどうか。また、長いとすればどのような表情か。いやいやなのかどうか。

② 展開の指導上留意点の最上部にある「路線図」との記載は、「地図」の誤りです。

③ 単元を設定して、指導していく中で、本児が「何分間」という概念を獲得していないことに気づきました。何時何分は読めても、13時22分から14時13分まで何分間あるか、などを答えられません。よって、この部分の展開と評価基準は変更いたします。

④ ③とも関連することですが、到着時刻を知ったときの本児の表情に注目してください。うれしそうか、淡々としているかなど。

⑤ あえて、教材・教具を本児に取りに行かせる場面をつくります。

⑥ 本児が予定されていない学習活動を起こした場合は、特に注目していただきたいと考えます。教材観や指導観に大きく関わります。

⑦ 知的障害学級での授業ですので、45分間の時間設定をそもそもしておりません。ただ、授業は人間関係の創造という面もありますので、**参観者の授業参加・介入授業を促す場合があります。**

以上

こういうプリントを1枚置いておくだけで、参観者のモチベーションは変わります。さらに、指導案を忘れる方もいますので、何部かは置いておきましょう。授業5分前には、トイレに行かせ、子どもに声を出させるなどしてリラックスさせましょう。あとは、自分の実力を発揮するだけです。

　通常学級では、導入や机間巡視の工夫、発問、板書、ノート指導についてなど授業を実施する上で述べることがたくさんあるのですが、支援学級ではそうはいきません。それでも大事なこととして、指導案の細部にこだわらないことです。授業は生きている子どもを相手にしているものですから、子どもの実態に応じて、変えていって良いのです。

　研究授業の禁じ手について3点述べます。

①　授業時間の延長

　時間の延長は、厳禁です。チャイムと共に始まって、チャイムと共に終わる、これが一番大切です。時間延長した授業は検討価値がありません。私は参観のとき、チャイムが鳴った段階で教室から出ます。これは、先輩の授業であっても、そのようにします。「途中で終わるときりが悪いから」とか「参観された方のためにもある程度のところまで」などは、授業者の思い上がりです。「自分の授業はなぜ時間通りに終わらなかったのか。」これほど、価値のある検討課題は無いでしょう。失敗の要因を一つ一つ検証していけば、良い教訓となります。

②　おけいこはしない

　これから授業する子どもたちに、ひどいときには全く同じ授業をしている方が居ます。素人です。プロの教師として失格です。教師の未熟でつたない働きかけ

にも子どもは全力でぶつかってきます。子どもの生き生きとした活動が授業の根幹にあるのです。おけいこする授業者は、あきらかに同僚や管理職、指導主事などの評価を気にしています。自分が仮説を立てて、それを試してみる。そしてどのような効果があるのか、なかったのかを明らかにする。この研究授業の目的を履き違えています。失敗も研究の成果です。

③　参観者への挨拶は不必要

　教師が参観者へ挨拶したり、教師主導で子どもたちに「ありがとうございました」と言わせることがあります。授業は、教師と子どもの真剣勝負です。参観者は、基本的に授業を見ているだけで良いのです。授業者が自分の授業に水をさすようなことはやめましょう。

　授業が終われば、参観者からコメントが来ます。あるいは、私自身は授業者として経験はありませんが、研究討議会が開かれます。それをもとに研究通信を出しましょう。名称は何でも良いのですが、とにかくＡ４裏表くらいでまとまるように編集して、全教員に配布しましょう。私が配布したものを紹介します。

生活単元学習・公開授業のまとめ

令和元年（　）月（　）日

みどり・水本

　先日行った公開授業に指導案の段階から多くのご助言いただき、ありがとうございました。以下に、（１）指導案、（２）授業についていただいた助言を紹介し、授業を振りかえっていきます。

<u>（１）指導案について</u>

- 児童の実態に対して、要求レベルが高い。
- 単元観の１段落目後半は指導計画との関係で不要。なぜなら、漢字の指導をするわけではないため。
- 単元観の２段落目について。「支援学校に進学すること・時刻に合わせて動く必要性」を本児自身は感じていないのではないか。
- 教材観の最後の一文は、「これらの教材を通してじっくり学ばせることができると確信している。」などのやわらかい表現にした方が良い。
- 単元の目標が多い。「既知の知識を活用する。」のは、当たり前なので、わざわざ目標としなくて良いのではないか。「二つのものを比較する。」については、二つのものとはなにか、が分からない。

　このような、ご助言をいただきました。要求レベルの高さは、私自身も感じておりまして、私は、発達に先回りすることを意識しました。次に、単元観については、ご助言の通りと思いましたが、指導案にはそのまま記載しました。この記載を抜きにしてしまうと、生活単元学習を設定した意図が伝わりにくくなるように思ったことによります。また、本児が支援学校に行くことを知らないことは事実でして、盲点でした。この点は、今後の進路指導を中身あるものとするために

も、真剣に考えなくてはならない、と感じました。

　単元の目標については、既知の知識を活用するのは、健常児では当たり前なのですが、本児に関しては苦手意識が見られます。これは、教育評価の中で、「主体的に学習に向かう態度」として評価すべきものだろう、と整理しました。したがって、単元目標は、「既知の知識を活用しようとする。」に変えなければならない、と考えました。一方、「二つのものを比較する。」とは、指導観の１行目と関わるもので、「思考する。」と同義でして、単に「思考する。」だけでは、単元目標とはならないため、削除すべきと考えました。

（２）授業について

- 最初のアイスブレイクのためのじゃんけんは、子どもが困惑していたのでは？
- 座って、授業を受けており、低学年のときからの成長を感じた。
- 教材が生活に身近なものを選ばれていた。
- かるたの授業は、子どもが笑顔になっていて、ことば（国語）の授業に加えて、ソーシャルスキルの授業にもつかえるのではないか。

という感想をいただきました。公開授業に際しては、どの学級でも子どもの緊張をとくことが求められていると思います。私は、じゃんけんして負けた方が名前を言う、ということを子どもにも参観者にも求めるのですが、本児は、名前を言いたがらないので、じゃんけんだけしてもらいました。つぎに、座って授業を受けられるということは、集中力が続くということだと思います。これを実現するために、ものを取りに行かせるなどの「動作」を合間に入れました。かるたについては、指導案に記載した授業を終えてから行ったものです。残された先生４人と本児、私とでかるたをしました。かるたは研究がほぼ手付かずで未開拓な分野ですので、実践を積み重ねていきたいと考えています。

私自身の授業の感想について述べます。私は、本児の身近な電車を教材単元として設定しました。しかし、身近だったのは、御幣島駅と京橋駅、尼崎駅だけで、東西線は身近ではなかったのです。したがって、東西線が身近だとして設定したことは、子ども理解が不足していました。このことに気づいたのは、本児が、到着駅を北新地駅に定めたこと、到着して学習課題を達成しても感動がなかったことで気づくことができました。

　北新地のイメージがない本児に、「到着した」「正解した」という感動は成り立たなかったということだと思います。結局、達成できたことは、3駅を時刻表などこれまでとは違う観点から見つめることができた、ことになると思われます。そうすると、求められるのは、豊かな生活経験だと考えます。豊かな生活経験と一体で、この単元をさらに進めていくとおおきな教育効果を生むものと考えます。

　私は、授業は子どもとのコミュニケーションだと心得ています。そのことをこの授業でも実感しました。1本の鉛筆、1枚の画用紙に一方が漢字を書き、もう一方がふりがなをふる、そのやりとりが私自身としては、この授業の山場（急所）だったと思っています。授業の深まりは、子ども理解の深まりです。その当たり前のことを、本児に再度、教えてもらえました。子どもに学ぶ、子どもと学ぶ、子どもによって深められていくような授業をこれからもつくっていきたいと考えています。

　多くの先生に参観していただいたこと、その状況で学習できたことは、本児にとって自信になったと思います。学習参観を通常学級で受けられるのではないか、と期待がもてました。指導案に助言をいただいたり、参観していただきまして、ありがとうございました。

　この配布資料では、（1）で私の指導案について事前にいただいたアドバイスを載せています。本来は、指導案検討会のような機会にいただく内容ですが、それがありませんので、授業後にまとめたものを載せています。（2）の内容は、

研究討議会などがあればそこで討議されるべき内容です。しかし、これも行われませんから、いただいたアドバイスを精査し、自分自身の省察と合わせてＡ４用紙１枚にまとめました。

　以上、研究授業の準備から研究授業実施に際しての要点、授業後の研究通信の発行について述べました。研究授業というのであれば、せめてこのくらいのことはすべきでしょう。

第5章　教育評価を行う

　本章では、教育評価、具体的には通知表の付け方を述べます。念のために断っておきますが、教育評価は、通知表に限りません。教育評価については、第Ⅰ部の第4章1節で詳述していますので、そちらを再度お読みください。

　教育評価に絶対に欠くことのできないものがあります。それは、子どもがあるとき、ある場面で、どのような発言をし、どのように行動したのかを具体的に記したメモです。メモなくして意味のある教育評価にはならないでしょう。

　日々のメモをファイルしていくこと、これが通知表作成の第一歩です。そのメモを学期末に評価すべきものをさらに厳選します。実例を紹介します。

Ⅰ　3学期成績

ことば	かず	その他
・<u>1月8日</u>　サンタの絵を描く。その際、「ホーホーホー書いて」と言う。サンタの絵の近くに書いてあげた。 ⇒　絵から書き言葉への変化が垣間見えた。 ・<u>1月22日</u>　鬼の絵を描く。 ⇒　これまで、頭から手が出ていたりしていたが、胴体を描き、手足もしっかり描けてい	・<u>1月8日</u>　自分の住んでいるマンションの階を絵であらわす。丸を二つ描いて、「8」を表現。 ・<u>1月10日</u>　数の保存性を理解する。 ・<u>1月10日</u>　粘土でクモをつくる。足を数える際、指を使いながら、1＋1＋1で片手で3を保存し、1＋1＋1で3を保存。合わせて、6であることを理解。	・<u>1月8日</u>　3学期からカレンダーづくりをスタート。 ・<u>1月10日</u>　数の保存性の学習中に再考を促すと、考え直し、求答。 ・<u>1月10日</u>　1年生のRさんに、「ねえ、クモ気持ち悪い？」と聞く。相手の感情を確かめる。

た。目にも一工夫あり、口も描かれていた。頭足人からの飛躍。

・2月4日　多少を問う課題に際して、「といことは、こっち」と発言。
⇒　ことばを思考の道具として用いていることがうかがえる。さらに、書き言葉を話しことばとして用いている。

・2月8日　「ふぐ」の絵を見て、音節分解、マッチングさせる課題では、授業者が「ふ」とヒントを出すと、「ふぐ」と答えた。
⇒　頭語を手がかりに絵とマッチングさせることができる。

・ことばの発達の原動力
　　⇒　発語の内容を分

決して、1＋1＋1＋1＋1＋1＝6ではない。あくまで3＋3＝6。しかも、6と求答するとき、5を補数として活用しているのではないか、とうかがわせる場面があった。

・1月11日　休日の一日を1と数概念でとらえ、土曜日で1日、日曜日で1日、祝日で1日、合わせて「さん(3)やすみ」と求答。その際、指を用いて3を表現することができた。

・1月24日　これまで、同数であることを表現する際、「こっちとこっち」と話していた。この日は、「いっしょ」とはじめてこたえることができた。

・1月25日　数詞を書くためのファーストステップ。○や×を書く。

・1月21日　発語できないときのことを正確に話す。極めて興味深かった。

・1月22日　なかよし集会季節変化・節分・豆まきの意味を知る。

・1月25日　なかよし集会。節分の絵本読み聞かせ。

・1月29日　なかよし集会。鬼のお面づくり。

・1月28日　「ババぬき」のルールを説明すると理解する。実際のゲームは途中で投げ出す。

・なかよし集会を通して、なかよしの集団としてなにかをすることを学んだ。

析すると特異な分野の語彙が増えたのではなく、人との関わりをあらわすことばが増えたと考える。なかよしの集団教育の成果とみるべき。	・2月6日　一対一対応から余った数量を「に（2）多い」と答える。これまでは、「こっち（が）多い」と答えていたものが、2という数で正確に答えることができた。 ・2月13日　継続したY先生のかずの授業の雑感。文字通りの生活単元学習になっていると感じた。 ・2月15日　「色玉を使って指定された数と色の色玉を取る学習をしました。今までは5まででしたが、今日は6取りました。」 ・これまでの原数学に加えて、一対一対応の学習が土台となって、3学期の学習に進めてられている実感がある。	・36人のなかよし学級のかけがえのない一員であることの実感が、内に向かっていたベクトルが外に、したがって人に向いた。その関係性の中で生きることで成長につながった。 ・なかよし学級での集団教育によって、就学に耐える力がついたという評価は好ましくない。ある均衡に到達しつつあるという発達観（ピアジェのそれ。）は根本的に間違っている。むしろ、生活単元学習・合科的な指導などができつつある、と捉えるべき。

Ｉ君は、自閉症スペクトラムの診断がおりています。小学校２年生で、特別支援学校から勤務校のなかよし学級（支援学級）に来ました。そのＩ君を紹介した理由は、発達の大きな飛躍を初めて感じたからです。発語量が増え、話しことばから書きことばへの飛躍、それを支えた教師集団の存在、そして子どもと同僚へ感じた感動がいまも私の中に渦巻いています。

　通知表の基になる資料を作り、次は実際に通知表を書く段階になります。通知表の様式は、各校違います。その学校にまずは合わせましょう。いま私が勤務している学校は、「各教科」と「生活」に区分されているだけです。「各教科」とは、国語科や算数科、社会科など支援学級で抽出している教科のことで、記述式で評価します。「生活」とは総合所見のようなもので、学校生活全般の中で頑張ったことを書きます。つまり、生活単元学習や遊びの指導、日常生活の指導、自立活動などを独立して記述評価することができないのです。
　以下に紹介します通知表は、全国障害者問題研究会の会員でもある先生がリードしてつくった様式です。小学校の知的障害学級では、魅力的な様式です。

学校生活のきろく

第3学期　　　　　　　　　　　　第2学年〇組（　　　　　　　）

はなす・きく・ことば・言語面

　冬休みの出来事を絵に描きました。サンタさんの絵を描き、先生に「ホーホーホー書いて」と話せました。湊生君自身が描いた人物に、先生が聞き書きによってセリフをつけました。話し言葉から書き言葉への意欲が見られました。

　「ゆっくり学ぶ子のためのこくご入門編1」を教材として、絵を見てその名称を答える学習に取り組みました。2学期は、「分からない」と言っていましたが、「フグ」を「マンボウ」と答えるなど、既知のことばを言ってみる姿が見られました。ヒントとして「フグ」の「フ」だけ伝えると、「フグ」と答えました。頭語を手がかりに答えることができました。また、同教材やカルタを用いて、聞き取ったことばを絵と対応させる学習をしました。合わせて、濁音や半濁音、撥音、促音、長音が混じった単語、5～6音節の長い単語の発音練習にも取り組みました。音節を拍手しながら分解したとき、促音や長音の場合には拍手しないことを知りました。

手の働き・認識面

　色玉を用いて数量の学習に取り組みました。数カードやドットカードに記されている数字と同じ数だけ色玉を取ることができました。これまでの5つから、6つ取ることができるようになりました。

　「ゆっくり学ぶ子のためのさんすう1・2」を教材とし、具体物・半具体物を用いながら数の保存性をたしかめる学習に取り組みました。5コの指人形を、三角や丸、直線に置き換えても、5コという数は変わらないことを、実際に操作しながらたしかめることができました。この学習を土台に、一対一対応の学習に取り組みました。同数であることを、「いっしょ」と初めて答える姿が見られました。さらに、一対一対応できない数量では、「に（2）多い」と指で2を示しながら答えることもできました。

　粘土でつくったクモの足を数えました。指を使いながら、片方の足の数が3本、もう片方も3本で合わせて6本あることを、先生に説明することができました。この際、

5本の指で5を保存し、もう一方の手で1を示すことができました。
　学校が休みの日数をたしかめました。1日を1と数概念で捉え、祝日も合わせて、「さん（3）やすみ」と指で3を示しながら答えることができました。
　湊生君が住んでいるマンションの階を絵であらわしました。なかよし教室の中にある「8」の数字を「これ、これ」と指さし、「〇」を2つ合わせて、「8」と描けました。「〇」や「×」をたくさん書きました。これから、数字を書く学習に向けて頑張る姿が見られました。
　節分に合わせて鬼の絵を描きました。ツノが生えた頭に、胴体を描きそこから手足が出ている絵を描けました。目では瞳を描く工夫がなされ、口もしっかり描けました。鬼が金棒を持っている様子も描くことができました。

社会性・生活面など

　なかよし学級では、1年生のお友だちと遊ぶ姿がよく見られます。「ねえ、クモ気持ち悪い？」など相手の感情をたしかめながら遊ぶことができています。ごっこ遊びでは、「お父さん役」や「コック」などの難しい役割を演じ、色々な料理をつくることを楽しめています。さらに、カードゲームではルールに沿って遊ぶこともできました。
　なかよし集会では、「節分」と「卒業お祝い会」に参加しました。友だちと楽しい雰囲気を共有しながら活動に参加でき、なかよし学級の一員としての自覚が芽生えつつあるように思われます。
　3学期の湊生君は、大きな成長をしたと感じますし、できることが増えて自信がついていると思います。これから、前進したり立ち止まったり、ときに後退したりすることもあるかもしれません。それでも、湊生君のことを肯定的に捉えるなかよし学級のお友だちや先生に囲まれて、より大きな成長を遂げてほしいです。

先日、勤務校の通常学級担任が、通知表を子どもたちに渡していました。担任は、「これは、皆さんがどれだけ頑張ったかを評価しています。ここがダメ、ではなくて、ここがこれだけできた、ということを評価しています。他人と比べても意味がありません。」と言っていました。これは、嘘です。5段階評価は他児童と比較して成績をつけています。それを子どもたちは見透かしています。数字に一喜一憂する子どもたちの表情を見ていて、複雑な気持ちになりました。5とか4とかいう数字しか子どもたちは見ていません。4なのか、5なのかどうかが子どもたちにとって一番の関心事なのです。本来、自分とだけ比較すべきというのであれば、記述式にすべきでしょう。

　さて、この通知表を書くまでには、何度となく支援学級担任同士で検討を重ねました。何十時間もかけて書き上げています。最初に私が下書きし、それについて他の支援学級担任からアドバイスをいただき、また下書きをする。これを納得するまで繰り返します。
　書くときに意識していることは、①したこと、②子どもの様子、③何ができたのか、あるいはできなかったのか、どこまでできたのか、という3点です。一つの評価項目は、大体この①から③に沿って記述しています。締切1ヶ月前から通知表の準備は始めています。通知表を書く中で、支援学級担任同士で子どもをめぐって議論が白熱します。通知表は、子ども理解を深めるとともに同僚への信頼醸成ということにもつながると確信します。

参考文献

①五十嵐顕・大槻健・小川太郎・川合章・城丸章夫・矢川徳光編『講座　日本の教育　8　障害者教育』（新日本出版社、１９７６年）

②井上美子・滝口直子・白石忠久編著『発達相談室の窓から　障害児医療と発達相談』（クリエイツかもがわ、２００１年）

③江口季好『特別支援学級の学習指導計画案集　全面的な発達のために』（同成社、２０１５年）

④太田昭臣『中学教師』（岩波書店、１９８４年）

⑤太田正己『深みのある授業をつくる　イメージで教え、事実で省みる障害児教育』（文理閣、１９９７年）

⑥大久保哲夫・渡部昭男編『基礎と実践　障害児教育』（全障研出版部、１９９３年）

⑦現代教育科学研究会編『教育の原理とその展開』（あゆみ出版、１９８７年）

⑧近藤直子・白石正久・中村尚子編『新版　テキスト障害児保育』（全障研出版部、２００５年）

⑨斎藤喜博『授業』（国土社、１９９０年）

⑩佐山喜作『中学生』（岩波書店、１９７２年）

⑪壽福隆人『歴史教育の課題と教育の方法・技術』（ＤＴＰ出版、２０１５年）

⑫高橋登編著『障害児の発達と学校の役割』（ミネルヴァ書房、２０１１年）

⑬田中孝彦『人間の教師』（新日本出版社、１９８８年）

⑭柘植雅義・渡部匡隆・二宮信一・納富恵子編『改訂版　はじめての特別支援教育　教職を目指す大学生のために』（有斐閣、２０１４年）

⑮広田照幸『ヒューマニティーズ教育学』（岩波書店、２００９年）

⑯古橋和夫編著『子どもの教育の原理　保育の明日をひらくために』（萌文書林、２０１７年）

⑰堀尾輝久『現代社会と教育』（岩波書店、１９９７年）

⑱松浦賢長編著『ワークシートから始める特別支援教育のための性教育』（ジアース教育新社、２０１８年）

⑲明神もと子・広瀬信雄編『はじめて学ぶヴィゴツキー心理学　その生き方と子ども研究』（新曜社、２０１５年）

⑳向山洋一編『法則化小事典シリーズ　研究授業のやり方見方＝小事典』（明治図書、１９９９年）

㉑村山士郎『子どもの喜びと学校づくり』（新日本出版社、１９８８年）

㉒茂木俊彦『障害児と教育』（岩波書店、１９９２年）

あとがき

　私は、本書において子どもと教師への希望を語りました。しかし、実際の学校現場はどうでしょう。現在の学校は、狭い人間関係が上手くいったかどうかで総括される傾向が強いです。教師と管理職、教師同士、教師と子ども、教師と保護者、教師と地域など。他人の目を気にするのは、究極においては、教職としての将来展望のなさをあらわしているように感じます。

　少年・青年の過労死や自殺、いじめ、不登校の問題をみるとき、もはや政府の文教政策、経済界の学生への要求は、人格の完成すら問題にしなくなっていると思います。教育の成果がスクラップされる労働の耐え難い現実との対峙、これが教師にも求められると考えます。

　その上で、教育への問いは人間への問いです。それはまた、人類の歴史と文化への問いであり、現在の自己のあり様への、そしてまた未来の人間と社会への問いでもあります。この問いを深めることが絶対に必要です。障害者が生きやすい社会とはなにか、自分が生きやすい社会とはなにか、を自問自答しつつ、仲間とも議論していくことが重要です。

　もし、今日の自分と昨日の自分が同じなら、今日の自分は昨日の自分の奴隷に過ぎません。このことは、社会についても当てはまります。現実を乗り越える力は、人類の努力とその遺産のなかから生まれ出るのです。教育の任務は、文化を媒介として一人ひとりの発達の可能性に働きかけることを通して現代の自分と現在の社会との乗り越えを助ける営みです。学校は、すべての者にそのことが可能な機会を保障するためのものです。

　この教育困難の時代は同時に改革の時代でもあります。共に歩みましょう。

プライマリー　知的障害学級の授業実践

2019年10月1日発行

著　　者　水本　和也

発 行 所　株式会社 三恵社
　　　　　〒462-0056　愛知県名古屋市北区中丸町2-24-1
　　　　　TEL.052-915-5211　　FAX.052-915-5019

本書を無断で複写・複製することを禁じます。
乱丁・落丁の場合はお取り替えいたします。
ISBN 978-4-86693-068-8　C0037